Carlos Taibo

Walter Benjamin

LA VIDA QUE SE CIERRA

DISEÑO DE CUBIERTA: MLH COMUNICA

© CARLOS TAIBO, 2025

© LOS LIBROS DE LA CATARATA, 2025
FUENCARRAL, 70
28004 MADRID
TEL. 91 532 05 04
FAX. 91 532 43 34
WWW.CATARATA.ORG

WALTER BENJAMIN.
LA VIDA QUE SE CIERRA

ISBN: 978-84-1067-369-4
DEPÓSITO LEGAL: M-13816-2025
IBIC: QDTS1/DNBM

ESTE LIBRO HA SIDO EDITADO PARA SER DISTRIBUIDO. LA INTENCIÓN DE LOS EDITORES ES QUE SEA UTILIZADO LO MÁS AMPLIAMENTE POSIBLE, QUE SEAN ADQUIRIDOS ORIGINALES PARA PERMITIR LA EDICIÓN DE OTROS NUEVOS Y QUE, DE REPRODUCIR PARTES, SE HAGA CONSTAR EL TÍTULO Y LA AUTORÍA.

@creative
commons

ESTA LICENCIA PERMITE COPIAR, DISTRIBUIR, EXHIBIR E INTERPRETAR ESTE TEXTO, SIEMPRE Y CUANDO SE CUMPLAN LAS SIGUIENTES CONDICIONES:

AUTORÍA-ATRIBUCIÓN: SE DEBERÁ RESPETAR LA AUTORÍA DEL TEXTO. SIEMPRE HABRÁ DE CONSTAR EL NOMBRE DEL AUTOR.

NO COMERCIAL: NO SE PUEDE UTILIZAR ESTE TRABAJO CON FINES COMERCIALES.

NO DERIVADOS: NO SE PUEDE ALTERAR, TRANSFORMAR, MODIFICAR O RECONSTRUIR ESTE TEXTO.

LOS TÉRMINOS DE ESTA LICENCIA DEBERÁN CONSTAR DE UNA MANERA CLARA PARA CUALQUIER USO O DISTRIBUCIÓN DEL TEXTO. ESTAS CONDICIONES SOLO SE PODRÁN ALTERAR CON EL PERMISO EXPRESO DEL AUTOR. ESTE LIBRO TIENE UNA LICENCIA CREATIVE COMMONS ATTRIBUTION-NO-DERIVS-NONCOMMERCIAL. PARA CONSULTAR LAS CONDICIONES DE ESTA LICENCIA SE PUEDE VISITAR: HTTP://CREATIVECOMMONS.ORG/LICENSES/BY-ND-NC/1.0/ O ENVIAR UNA CARTA.

ÍNDICE

PRÓLOGO DE LA PRIMERA EDICIÓN 7

PRÓLOGO DE LA SEGUNDA EDICIÓN 13

I. WALTER BENJAMIN 17
La vida 17
El carácter 24
Benjamin y España 43

II. EL EXILIO: UN MUNDO QUE SE APAGA (1933-1940) 50
El exilio alemán y los circuitos culturales franceses 52
Dificultades para publicar 57
Los problemas económicos 62
Los viajes 66
Las enfermedades 69
La vida amorosa 71
La familia 72
El primer peregrinaje: Nevers 75
París, Lourdes, Marsella 77

III. LA MUERTE: PORTBOU 85
La policía francesa 87
La policía española 89

La ruta de Cervera 94
La caminata de Benjamin 96
El encuentro con la policía española 106
Regresar por el mismo camino 111
El temor a la Gestapo 113
El hotel 119
Las últimas horas 120
El médico (o los médicos) 123
¿Cómo murió Walter Benjamin? 127
El mensaje dirigido a Adorno 133
Las ceremonias religiosas y el entierro 135
Las cuentas y las pertenencias de Benjamin 138
El manuscrito de la cartera 142
El billete de barco 144
Qué ocurrió con los compañeros de viaje de Benjamin 145

IV. LAS TESIS SOBRE EL CONCEPTO DE HISTORIA 150

La historia y la trama de las 'Tesis' 151
Benjamin y Brecht 155
El marxismo de Benjamin 157
Benjamin y la Unión Soviética 161
El Benjamin anarquista 164
De Fourier al decrecimiento 167
La crítica de la socialdemocracia 170
Un pasado mejor 171
El progreso y la catástrofe 173
La revolución 177
El momento revolucionario 180

EPÍLOGO 183

BIBLIOGRAFÍA 187

PRÓLOGO DE LA PRIMERA EDICIÓN

"Ha quedado en el olvido este pueblecito, y sus muros blancos rodeados de olivos. Pero se recuerda a Picasso, es decir, Guernica".

JEAN-LUC GODARD

Todo empezó, hace algo así como diez años, con la lectura de *L'angelo della storia* (*La última frontera*), el libro de Bruno Arpaia en el que se reconstruyen de manera novelada los últimos meses de la vida de Walter Benjamin[1]. Mi ejemplar de la versión castellana era un volumen singular: lo compré en una librería de lance y llevaba un encabezamiento —"Pruebas sin corregir. Edición no venal"— que a Benjamin probablemente le habría suscitado una mezcla de atracción y rechazo. Cierto es que, de manera caótica, había leído antes a nuestro autor y a sus intérpretes. Por mis manos habían pasado el *Diario de Moscú*, el texto de Valero sobre los años de Ibiza, el trabajo de Scholem sobre Benjamin y su ángel o, claro, las inevitables "Tesis sobre el concepto de historia". Me había topado con Benjamin, por añadidura, al amparo de un puñado de citas de su obra que son recurrentes en los textos sobre la crisis ecológica y el colapso. Volvió a aparecérseme, en fin, cuando, allá por 2010, escribí un libro sobre Fernando Pessoa. Anoté entonces que una tarea muy honrosa en relación con seres humanos tan singulares como el poeta portugués —y, agrego ahora, el pensador alemán— bien podía ser la que nos invita a tirar de las notas a pie que los biógrafos canónicos relegan a un lugar secundario para,

---

1. Arpaia, 2003.

con su concurso, acometer un intento, siempre fracasado, de reconstruir quiénes fueron. Con esa vocación, y no otra, pasan por estas páginas la vida de Benjamin, su carácter personal, los sinsabores que lo acosaron en los últimos años, la muerte trágica en Portbou y ese texto, las "Tesis sobre el concepto de historia", mitad llama, mitad oscuridad, al que dedicó los últimos relámpagos de su lucidez.

No quiero ocultar al lector mi nula capacidad para analizar y difundir el pensamiento de Benjamin. Me sucede lo mismo, por cierto, con la obra entera de Pessoa. Confesaré humildemente que en buena medida he sucumbido a un hecho preciso: la fascinación que la vida y los escritos de Benjamin siguen provocando algo le debe a la muerte trágica en Portbou[2]. El genio —no lo olvidemos— murió, solo y derrotado, en una región telúrica en la que unos meses antes había escrito su último verso Antonio Machado. He sucumbido, sí, al hechizo que provoca la oscura muerte de Benjamin en Portbou, como si esta última tuviera, tal y como lo sugiere Michael Taussig, cierto efecto de asignación de un poder enigmático a la biografía y a la obra del fallecido[3]. En virtud de un innegable absurdo, la muerte sería, entonces, algo más relevante que la vida, de la mano de una aventura en la que se habrían dado cita el cruce clandestino de una frontera, la belleza del lugar y el horror que provoca un momento histórico singularmente aciago[4]. Pero rescatemos la verdad: aunque en la fachada del edificio que ocupa el espacio de lo que antaño fue el Hotel de Francia de Portbou hay una pequeña placa que señala que allí "vivió y murió Walter Benjamin", a duras penas cabe aceptar que, hablando en propiedad, nuestro hombre *viviese* en una habitación de la segunda planta en la que poco más hizo que agonizar.

Pero no se me oculta, en modo alguno, la grandeza de la obra de Benjamin. Una obra que lo abarca todo: el lenguaje, la arquitectura, la fotografía, la mística, la historia, la filosofía...

---

2. Palmier, 2010: 7.
3. Taussig, 2006: 6.
4. Taussig, 2006: 6.

Y una obra sobre la que no parece pasar el tiempo. Estamos, por el contrario, ante un intérprete privilegiado, y precursor, de muchos de los fenómenos que nos acosan. Si lo anterior es importante, también lo es el hecho de que Benjamin buscase, con notable eficacia, dinamitar los cimientos de las formas de expresión tradicionales en el mundo de la filosofía o en el de la crítica literaria. En ese sentido, y tal y como bien lo recuerdan César Rendueles y Ana Useros, "Benjamin articuló su propia crítica del sujeto moderno a través de una especie de semántica del fragmento, de la comprensión de cómo a partir de determinadas concatenaciones de materiales autónomos —ya sean imágenes en movimiento (en una película) o sonidos inarticulados (en los lenguajes)— emerge el significado"[5]. Cierto es que en lo anterior se mezclan elementos varios. Rolf J. Goebel ha señalado al respecto que la preocupación de Benjamin por la alegoría, el montaje, la traducción, la crítica, la cita y la imagen dialéctica puede contemplarse como el equivalente formal de su experiencia espacial, pero también como una expresión directa de la biografía personal del autor[6]. No sé si lo que a Adorno le parecían, sin ningún género de dudas, taras de la obra de Benjamin —el carácter esotérico de sus primeros escritos y la condición fragmentaria de los últimos[7]— no serán hoy, paradójicamente, dimensiones que engrandecen y singularizan la condición de nuestro hombre.

A menudo se ha presentado a Benjamin como un pensador contradictorio, incapaz de acoger de forma sensata y comprensible influencias tan heterogéneas como las ejercidas por el materialismo histórico y la mística judía. Para hacer frente a este reproche, Palmier sugiere que prestemos atención, sin embargo, a la riqueza de las articulaciones conceptuales de Benjamin, a las correspondencias subterráneas por este establecidas y a las cristalinas tensiones que ha tenido a bien airear[8]. Adorno

---

5. César Rendueles y Ana Useros, en Benjamin, 2010b: 18.
6. Goebel, 2009b: 7.
7. Adorno, 2007: 7.
8. Palmier, 2010: 10.

señaló en su momento que Benjamin trataba los textos profanos como si fuesen sagrados, de tal suerte que otorgaba al mundo profano un sentido transcendente, a la manera de lo que gustaban de hacer los "socialistas religiosos"[9]. Nada de esto último implica, con toda evidencia, que no tengamos derecho a juzgar críticamente algunas de las adhesiones mostradas por nuestro autor. Pero bien haremos en casar semejante tarea con el recordatorio de las numerosas negaciones que, a los ojos de Hannah Arendt, es preciso tomar en consideración para encarar de manera feliz la obra que me ocupa: "Su erudición era grande, pero no era un especialista; su trabajo se basaba en los textos y en su interpretación, pero no era un filólogo; se sentía muy atraído, no por la religión, sino por la teología y por el modelo teológico de interpretación en virtud del cual el texto mismo es sagrado, pero no era un teólogo ni se interesaba particularmente por la Biblia; era un escritor nato, pero su mayor ambición consistió en producir una obra constituida en exclusiva por citas; fue el primer alemán en traducir a Proust (en colaboración con Franz Hessel) y a Saint-John Perse, y antes había traducido los cuadros parisinos de Baudelaire, pero no era un traductor; criticó libros y redactó un gran número de ensayos sobre escritores vivos y muertos, pero no era un crítico literario; escribió un trabajo sobre el barroco alemán y dejó un enorme e inacabado estudio sobre el XIX francés, pero no era un historiador, ni de la literatura ni de ninguna otra cosa; intentaré demostrar que sin ser un poeta ni un filósofo, pensaba poéticamente"[10].

Para que nada falte, en fin, la vida de Benjamin ilustra el destino, variado, de una generación muy castigada. Lo de *variado* bien puede quedar justificado al amparo de la lectura del impactante libro que Momme Brodersen ha dedicado a los compañeros de clase de Benjamin en el curso académico 1911-1912[11]. Fácil es intuir, y fácil es apreciar, el muy dispar derrotero —la muerte durante la primera guerra mundial, el aparato

---
9. Adorno, 2007: 14.
10. Arendt, 2014: 11-12.
11. Brodersen, 2012.

ejecutor del nazismo, los campos de concentración, un oscuro hotel en Portbou— que siguieron los alumnos de una escuela de elite en la Alemania de principios del siglo XX. Por cierto que en la foto de ese grupo humano que guía el libro de Brodersen pareciera como si Benjamin intentase asomar la cabeza pero no acabase de hacerlo de forma decidida[12].

Carlos Taibo
Madrid, junio de 2015

---

12. VV.AA., 1990: 39.

PRÓLOGO DE LA SEGUNDA EDICIÓN

> "Pensaba y sentía que un mundo que es capaz de mantener con vida a un ser con su valía y con la profundidad de sus sentimientos, a pesar de todo, no podía ser tan malo. Parece que me he equivocado".
>
> DORA KELLNER

En uno de mis textos en gallego-portugués me permití sugerir que mi quehacer intelectual —y conste que no otorgo ningún significado solemne a este adjetivo— se resumía en la figura de una mesa de cuatro patas. La primera de esas patas, la de mi trabajo de décadas en la universidad, se vincula con el estudio de los cambios acaecidos en la Europa central y oriental contemporánea. La segunda remite a mi actividad militante, que me ha conducido a cuestionar la globalización capitalista, a postular lo que reza la perspectiva del decrecimiento y a procurar poner al día las prácticas de la autogestión y del apoyo mutuo. La tercera se vincula con un objeto maravilloso, el libro, que me ha provocado muchos momentos de felicidad (no hablo, claro es, de mis libros). La cuarta y última, en fin, la ha labrado el mundo de la que creo que es la mayor creación humana: las lenguas. Si mis trabajos en lo que respecta a las dos primeras patas son fácilmente encontrables, disculpará quien me lee que recuerde que, en lo que se refiere a las dos últimas, se han revelado a través de una obra en castellano —*El lector desmemoriado*— y de otra en gallego-portugués —*O feitiço das línguas*—. Confesaré, aun así, que en realidad, y comoquiera que la mesa de la que hablo no podía responder a códigos canónicos, hay una quinta pata, que no es otra que la de las extravagancias, esto es, las intervenciones que no responden a los imperativos que mal que bien han guiado las otras cuatro. Y agregaré que es en las extravagancias en donde me siento más cómodo.

He contado todo lo anterior por cuanto no me resulta sencillo clasificar, en el orden de las patas y las mesas, el libro que el lector, o la lectora, tiene entre las manos. Lo digo porque en una primera aproximación este ensayo sobre los últimos años de la vida de Walter Benjamin algo tiene que ver con la segunda de las patas mencionadas. Al fin y al cabo, la obra de Benjamin ha sido profusamente citada cuando se trata de encarar la cuestión de nuestros límites y, más aún, cuando se trata de ilustrar qué significa un mundo que se va cerrando y que, de resultas, conduce a abismos varios. El escritor norteamericano Joseph Hergesheimer, amigo de Dora Kellner, la esposa efímera de Benjamin, describió a este como un hombre que "acababa de bajarse de una cruz para subirse a otra"[1]. A buen seguro que por detrás de mis intenciones a la hora de redactar este trabajo estaba, rara vez confesada, la intuición de que hay muchos elementos en común entre la época que al Benjamin postrero le tocó vivir y lo que tenemos delante de los ojos o, en su caso, lo que nos espera. Pero me estaría engañando si no reconociese que, al tiempo, en estas páginas está el capricho extravagante de escarbar, con todo el detalle posible, en lo que ocurrió en los últimos días, o en las últimas horas, de Benjamin. Y es que la historia de lo sucedido en Portbou me atrajo desde el primer momento, como ha sucedido —así lo creo al amparo de la bibliografía que sigue viendo la luz— a otros muchos estudiosos, a buen seguro que más capaces que yo. Me queda por calibrar en qué medida la cabeza, sospecho que de manera más bien inconsciente, me ha invitado a acercarme en los últimos quince años a tres figuras tan singulares como son las de Fernando Pessoa, Walter Benjamin y Gustav Landauer. Aunque sobre la materia volveré en el capítulo inicial de este libro, hora es esta de subrayar que los tres murieron a edades parecidas, casi fueron coetáneos —Landauer tomó un poco la delantera—, pasaron por el mundo más

---

1. Cit. en Weissweiler, 2021: 308.

bien incomprendidos y marginados, se vincularon en un grado u otro con el mundo judío —también, aunque de forma menos evidente, Pessoa— y padecieron muertes más o menos trágicas —la de Pessoa, ciertamente, mucho más convencional—. No entraba en mis cálculos, por otra parte, que la primera edición de esta obra acabara por agotarse. Lo ha hecho, ciertamente, de forma benjaminianamente lenta. Cuando en Los Libros de la Catarata me comunicaron la intención de reeditar este libro pensé que tenía sentido darle una nueva vuelta, en el buen entendido de que esta última en modo alguno podía afectar a lo principal. Semejante decisión se veía justificada por el hecho de que tampoco han sido numerosas las intervenciones que, en lo que hace a los últimos años de Benjamin, se han perfilado después de 2015. Aun a sabiendas de que el listado es sin duda más largo, recojo aquí las que han ido cayendo en mis manos. Pienso en el ensayo de Eva Weissweiler sobre la relación entre Benjamin y la que fuera su esposa, Dora, ya mencionada; en el texto de la misma autora sobre el hotel que la propia Dora regentó en San Remo; en el libro de Antonia Grunenberg sobre Benjamin y Asja Lacis; en la antología de materiales autobiográficos de Benjamin publicada en Argentina por Marcelo G. Burello; en los ensayos de Álex Chico, Sébastien Rongier y Santi Vancells, que beben de la misteriosa relación trabada entre Benjamin y Portbou; en el trabajo de Enric Milà i Caixàs sobre la comarca de Portbou y la guerra civil española, o en la publicación en España de los comentarios radiofónicos de Benjamin. Me dejo llevar por el capricho de agregar a esta lista el reportaje que se interesa por una joven italiana que en septiembre de 1990 apareció colgada a unos pocos metros del cementerio de Portbou[2].

---

2. Weissweiler, 2021; Weissweiler, 2022; Grunenberg, 2022; Benjamin, 2017; Chico, 2017; Rongier, 2017; Vancells, 2022; Milà i Caixàs, 2023; Benjamin, 2015b; Porta, Punsí y Freixanet, 2022. Por cierto que en el libro de Álex Chico se menciona esta obra que el lector tiene en sus manos con el título equivocado. Se habla de "la herida que se cierra", y no de "la vida que se cierra". Ojalá se hubiera cerrado la herida de Benjamin. Aunque, vistas las cosas desde otra perspectiva, al fin y al cabo la vida es también una herida.

Al margen de incluir un puñado de datos nuevos aportados por algunos de los libros que acabo de citar, esta obra incorpora pocas novedades. He ajustado los criterios ortográficos a lo que recomiendan, con mejor o peor criterio, las autoridades lingüísticas, he corregido un puñado de errores y he procurado afinar con alguno de los argumentos. Ojalá que estas páginas estimulen el despliegue de dos tareas: leer a Benjamin, por un lado, y visitar ese lugar estupefaciente que es Portbou —"un espacio *benjaminiano* por excelencia, adecuado para deliberar, discurrir y concebir", en palabras de Vancells[3]—, por el otro. Y que tras su lectura quien a ellas se acerque sepa disculpar una más de mis extravagancias.

Carlos Taibo
Madrid, junio de 2025

---

3. Capítulo titulado "El bé i el mal", en Vancells, 2022.

I. WALTER BENJAMIN

> "Un hombre que muere a los 35 años, ha dicho Moritz Heimann, es, en cada momento de su vida, un hombre que muere a los 35 años".
>
> WALTER BENJAMIN

Tres son las tareas que se acometen en este capítulo. La primera responde al propósito de rescatar una información general que, relativa a la vida de Walter Benjamin, permita situar conceptos y hechos como los que se manejan en las restantes partes de esta obra. No daré por descontado, en otras palabras, que el lector tiene un conocimiento razonablemente prolijo de los avatares que marcaron la vida de Benjamin. La segunda indaga en la condición humana de nuestro autor, en su carácter personal, tarea tanto más remuneradora cuanto que en el caso de los *pensadores* —y nuestro hombre, con toda evidencia, lo era— se suele pasar por alto esta cuestión en provecho de una concentración abusiva en lo que son o significan sus creaciones. La tercera examina, en fin, la relación de Benjamin con España, y ello tanto en lo que se refiere a los viajes como en lo que atañe a los vínculos culturales y, en su caso, políticos con el país.

LA VIDA

Walter Benjamin nació en Berlín en 1892, en el seno de una familia acomodada de "judíos asimilados", esto es, de "ciudadanos alemanes de origen judío"[1]. Su padre, Emil Benjamin (1866-1926), que durante un tiempo se dedicó a la compraventa de obras de arte y se describió a sí mismo como "comerciante", era un empresario que dedicó parte de su tiempo a la banca. Invirtió su fortuna en ámbitos dispares, como la farmacia, la construcción, la explotación de un teatro de variedades o la producción de vino. Las relaciones de Benjamin con su progenitor, que tuvo otros dos hijos, Georg (1895-1942) y Dora (1901-1946), siempre fueron, en cualquier caso, tensas.

Si entre 1902 y 1905 Benjamin estudió en el Kaiser Friedrich Gymnasium, una prestigiosa escuela de Berlín, los años que mediaron entre 1905 y 1907, marcados por una salud más bien frágil, los pasó en un internado en Haubinda, en la Turingia rural. Alumno de Gustav Wyneken, un reformador pedagógico, fue esta una de las etapas más felices de la vida de Benjamin. De regreso a Berlín, una ciudad con la que mantuvo una permanente relación de amor-odio, a partir de 1907 Benjamin cursó el bachillerato superior, de nuevo, en el Kaiser Friedrich. Tras visitar Suiza en 1910 y repetir viaje al mismo país, y a la zona francesa aledaña, en 1911, una vez concluido el bachillerato Benjamin estudió episódicamente, en 1912, en Friburgo y de nuevo en Berlín, en la Friedrich-Wilhelms-Universität. Se sumó al movimiento de estudiantes libres y fundó, en paralelo, una sociedad de debates. Otros hechos marcaron el año 1912: mencionemos entre ellos un viaje a Italia y el hecho de trabar conocimiento con Jula Cohn (1894-1981), hermana de su amigo Alfred Cohn (1892-1954). Pero en ese año se produjo también el primer contacto de Benjamin con el sionismo, que nuestro autor concibió antes como un movimiento cultural, "que reconoce los valores judíos y trabaja por ellos", que como una iniciativa política y social[2]. Pese a que las simpatías de Benjamin por el sionismo fueron pocas y su relación con el judaísmo resultó difícil, conviene subrayar que en lo que a este respecta no

---

1. Rudel, 2006: 56.
2. Rudel, 2006: 56.

asumió nunca una posición de rechazo franco[3]. Aunque en 1913 Benjamin regresó a Friburgo, tras viajar por el Tirol y por el Alto-Adigio italiano al cabo se hallaba de vuelta en Berlín. Presidente del movimiento de estudiantes libres en 1914, el año de estallido de la primera guerra mundial, Benjamin intentó alistarse pero fue rechazado. Muy afectado por el suicidio, en estrecha relación con la guerra, de su amigo Fritz Heinle (1894-1914), asumió con el paso del tiempo, sin embargo, una posición antibelicista[4]. La guerra y la muerte, asevera Tilla Rudel, se presentaron en adelante indisociablemente ligadas en la percepción de Benjamin[5]. En 1915 conoció a Gershom Scholem (1897-1982), con quien mantuvo el resto de su vida una estrecha relación, durante mucho tiempo epistolar. En ese mismo año Benjamin realizó estudios en la Ludwig-Maximilians-Universität de Múnich, ciudad en la que conoció, por cierto, a Rainer Maria Rilke. El año siguiente, y en Baviera, frecuentó a la que luego sería su esposa, Dora Kellner (1890-1964)[6], y al entonces marido de esta. En 1917 Benjamin consiguió evitar el alistamiento en el ejército, contrajo matrimonio con Dora Kellner y abandonó Alemania para realizar estudios en Berna, en Suiza. Poco después nació su hijo Stefan (1918-1972). La primera guerra mundial dejó, en cualquier caso, una huella indeleble en Benjamin, quien percibió en ella el final del sueño decimonónico de la tecnología y del progreso. Al amparo de la orgía de destrucción en masa que la guerra acarreó, Benjamin, como tantos otros, padeció los efectos de una alteración radical de las coordenadas tradicionales y familiares, y con ella, también, de los valores eternos y del falso universalismo de la civilización burguesa[7].

En 1919 Benjamin defendió en Berna una tesis titulada "Der Begriff der Kunstkritik in der deutschen Romantik" ("El

---
3. Bensaïd, 2010: 18; Puttnies y Smith, 1991: 39 y ss.
4. Véase VV.AA., 1990: 81 y ss.
5. Rudel, 2006: 61.
6. Puttnies y Smith, 1991: 135 y ss.
7. Salzani, 2014: 15.

concepto de crítica estética en el romanticismo alemán"). Fue el año en que conoció, por otra parte, a Ernst Bloch (1885-1977) y en el que Walter y Dora se instalaron en Austria. Tras una breve estancia en Viena a principios de 1920, Benjamin regresó a Berlín —su padre, medio arruinado, no podía atender los gastos del hijo fuera de casa— y sopesó iniciar una carrera académica. Las condiciones de la vida económica de Benjamin se degradaron, de tal suerte que se convirtió en lo que Palmier describe como un "intelectual proletarizado"[8]. En el propio año 1920 escribió "Zur Kritik der Gewalt" ("Para una crítica de la violencia") y recibió como regalo de su mujer, Dora, un cuadro de Klee titulado "Presentación del milagro"[9]. El año siguiente el matrimonio con Dora entró, sin embargo, en crisis, al tiempo que Benjamin se acercaba a Jula Cohn, un amor —según Scholem— no correspondido que marcó, sin embargo, toda la vida de nuestro hombre[10]. Fue el año en el que Benjamin proyectó una nueva revista que nunca vería la luz, escribió un texto, el "Theologisch-politische Fragment" ("Fragmento teológico-político"), que prefiguraba algunas de las tesis sobre el concepto de historia redactadas en 1940, y adquirió un nuevo cuadro de Klee que, titulado "Angelus novus", lo acompañó hasta los últimos días; en 1940 se lo entregó a Georges Bataille, quien lo escondió en la Biblioteca Nacional de París.

Si en 1922 Benjamin empezó a trabajar en un ensayo sobre *Die Wahlverwandtschaften* (*Las afinidades electivas*) de Goethe, en 1923 conoció a Siegfried Kracauer (1889-1966) y a Theodor W. Adorno (1903-1969), al tiempo que escribió "Die Aufgabe des Übersetzers" ("La tarea del traductor") y publicó una traducción de los *Tableaux parisiens* (*Cuadros parisinos*) de Baudelaire. En 1924 trabó amistad en Capri con Asja Lacis (1891-1979), otro de los grandes amores que marcaron la vida de Benjamin. La carrera universitaria de este tocó a su fin en 1925, tras el fallido intento de presentar "El origen del drama barroco

---

8. Palmier, 2010: 296.
9. Reijen y Doorn, 2001: 60.
10. Scholem, 1995: 120-121.

alemán" ("Ursprung des deutschen Trauerspiels") como tesis de habilitación[11]. En ese fracaso es lícito suponer que se dieron cita el estilo, singularísimo, de los escritos de Benjamin, el carácter poco académico de su pensamiento y, también, una escasa motivación[12]. De resultas, y en cualquier caso, Benjamin dejó de lado los proyectos encaminados a trabajar en la universidad en Frankfurt. Fue el año en que leyó *Geschichte und Klassenbewusstsein* (*Historia y conciencia de clase*), de Lukács, y en el que abandonó progresivamente muchos de los elementos metafísicos de su inspiración anterior para iniciar una aproximación al marxismo. Empezó a publicar, por lo demás, en revistas como *Die Literarische Welt* y en diarios como el *Frankfurter Zeitung*. Viajó, en fin, a España e Italia, y más tarde se desplazó a Riga, en Letonia, para encontrarse con Asja Lacis.

El año siguiente falleció Emil Benjamin, el padre. Walter, que viajó a París en la primavera y a Moscú en diciembre, tuvo sus primeras experiencias con el hachís. De regreso en Berlín en 1927, pasó la mitad de ese año en París y tuvo ocasión de viajar a Montecarlo y a Córcega. El propio Benjamin recuerda que entre 1927 y 1933 pasó, todos los años, varios meses en París[13], donde empezó a trabajar en lo que acabó por ser *Passagen* (*El libro de los pasajes*). En 1927, el año en que realizó su primer programa de radio, apareció, en colaboración con Franz Hessel (1880-1941), el primer tomo de su traducción de Proust. Benjamin, que quería convertirse en un crítico literario de primer orden —y ello pese a que la crítica literaria, según el propio Benjamin, no era ya un género serio en su país[14]—, no desdeñó tampoco el prestigio que pudiera depararle su trabajo como traductor. En su necrológica de 1940, Adorno recuerda que muchos conocían el nombre de Benjamin como el del traductor magistral de buena parte de la obra de Proust[15]. En 1928

---

11. Sobre el fiasco universitario, véase Wohlfarth, 1991.
12. Rainer Rochlitz, en Benjamin, 2000c: 29.
13. Benjamin, 2011a: 43.
14. Arendt, 2014: 53.
15. Adorno, 2007: 62.

publicó un breve libro, *Einbahnstrasse* (*Calle de sentido único*), y el trabajo *Ursprung des deutschen Trauerspiels* (*Origen del drama barroco alemán*). Asja Lacis pasó algún tiempo en Berlín en ese año, en el que Benjamin conoció a Gretel Karplus (1902-1993), futura esposa de Adorno; con ella mantuvo en adelante una frecuente correspondencia. En 1929 Benjamin empezó a trabajar para la radio en Frankfurt y en Berlín, y mantuvo esa colaboración, muy influido por el teatro épico y por la obra de Brecht, hasta 1933. En ese marco, desplegó emisiones para niños y convirtió Berlín en protagonista de otras. Infelizmente, no nos ha llegado ninguna grabación de la voz de Benjamin[16], quien en 1929 estableció también una sólida relación con el mentado Bertolt Brecht (1898-1956) y en el verano viajó, una vez más, a Italia. El año siguiente Benjamin se divorció y se vio obligado a restituir su dote a Dora Kellner. Otros hitos de ese año fueron un viaje a Noruega, el fallecimiento de la madre, Pauline Benjamin (1869-1930), y la publicación del segundo volumen de la traducción de Proust. En 1931 Benjamin visitó la Costa Azul y trabajó en un ensayo sobre Karl Kraus. Su primera estancia en Ibiza se produjo entre abril y julio de 1932. A continuación se trasladó a Niza, en donde se hizo valer una situación en algún sentido similar a la que cobró cuerpo ocho años después: sin medios de subsistencia, cada vez más alejado de la radio y de los periódicos en Alemania[17], y sentimentalmente insatisfecho, Benjamin pensó, al parecer seriamente, en suicidarse. Fue en 1932, por otra parte, cuando empezó a escribir lo que al cabo sería el libro *Berliner Kindheit um Neunzehnhundert* (*Infancia en Berlín hacia 1900*).

Tras el ascenso de Hitler al poder en 1933, Benjamin dejó Alemania, país al que nunca regresaría y en el que en ese mismo año fue detenido su hermano Georg. Walter se exilió en París, que se convirtió en su residencia principal en los siete años

---

16. Baudouin, 2009: 249.
17. Rainer Rochlitz, en Benjamin, 2000c: 15.

posteriores, en los que cambió frecuentemente, eso sí, de domicilio. Para Benjamin, afirma Tilla Rudel, París no era la capital de un país, sino la de un siglo entero: el XIX[18]. En 1933 pasó varios meses, una vez más, en Ibiza, en donde conoció a la pintora holandesa Toet Blaupot ten Cate. Luego de haber contraído la malaria, a finales de septiembre se hallaba de nuevo en la capital francesa, en donde el año siguiente planificó conferencias —nunca llegó a impartirlas— sobre Kafka, Bloch, Brecht y Klaus. Si el mismo año 1934 Benjamin visitó a Brecht, en Dinamarca, y a su exmujer, Dora, en San Remo, al tiempo que trabajaba en un ensayo sobre Kafka, en 1935 terminó otro ensayo, ahora sobre Bachofen, y redactó la primera versión de "Das Kunstwerk im Zeitalter seiner technischen Reproduzierbarkeit" ("La obra de arte en la era de la reproductibilidad técnica"). En 1935 Benjamin pasó, por lo demás, dos meses en Mónaco y unos días en Niza, y empezó a colaborar con el Instituto de Investigación Social de Max Horkheimer (1895-1973). A su hermana Dora, que había estudiado economía y psicología[19], le diagnosticaron, entre tanto, la enfermedad de Bechterev; murió en Suiza poco después de terminar la segunda guerra mundial.

La segunda visita a Brecht en Dinamarca se produjo en 1936, año en que Benjamin viajó también, en dos ocasiones, a San Remo —Dora, la exmujer, regentaba allí una pensión—, a Venecia y a Rávena. También en 1936 publicó en Suiza, con el nombre falso de Detlef Holz, el volumen *Deutsche Menschen* (*Alemanes*), una recopilación de cartas de figuras de la vida política y cultural germana, y redactó "Der Erzahler" ("El narrador"). Fue el año en que su hermano Georg fue detenido de nuevo; murió en el campo de concentración de Mauthausen durante la segunda guerra mundial. En 1937 Benjamin escribió un ensayo sobre Eduard Fuchs, trabajó intensamente sobre Baudelaire y realizó una nueva visita, acaso dos, a San Remo. El año siguiente se reunió, por última vez, con Scholem en París.

---
18. Rudel, 2006: 137.
19. Brodersen, 2005: 11; Heye, 2014: 37 y 49 y ss.; VV.AA., 1990: 21.

Stefan, su hijo, abandonó, entre tanto, Viena, donde estudiaba, para trasladarse a San Remo. Benjamin, que visitó por tercera vez a Brecht en Dinamarca, siguió trabajando sobre Baudelaire y completó el libro sobre la infancia en Berlín. Tampoco faltó, en el mismo año 1938, a su cita con San Remo. En 1939, privado de la nacionalidad alemana, fue internado, de septiembre a noviembre, y tras entrar en guerra Francia y Alemania, primero en el estadio Yves-du-Manoir de Colombes y luego en el campo de Nevers. Entre tanto, su exmujer, Dora, había pasado a vivir en Londres. En 1940, en fin, redactó las tesis "Über den Begriff der Geschichte" ("Sobre el concepto de historia"). Una vez que el ejército alemán penetró en Francia, luego de huir de París y de encontrar acomodo en Lourdes, primero, y en Marsella, después, Benjamin presumiblemente se suicidó en Portbou, recién cruzada la frontera española, en el mes de septiembre de ese mismo año.

EL CARÁCTER

Hace unos años publiqué un ensayo sobre la vida, sobre las vidas, de Fernando Pessoa, el poeta portugués. Uno de los cimientos de ese ensayo era la idea de que las biografías de pensadores y literatos suelen verse tan absorbidas por las obras de unos y otros que el ser humano que se halla por detrás se revela manifiestamente diluido. He leído un buen puñado de biografías de escritores y las más de las veces me he quedado sin saber quiénes eran estos últimos, anegados como aparecían por los avatares de sus libros. Pese a que los trabajos que se interesan por la vida de Walter Benjamin no muestran, en el terreno que ahora me ocupa, las mismas carencias que arrastran —a mi entender— los dedicados a Pessoa, creo que merece la pena dedicar un tiempo a escudriñar quién fue Walter Benjamin. Agregaré, eso sí, que, aunque la cuestión tiene su relieve, no voy prestar demasiada atención a los eventuales cambios operados con el paso del tiempo en la condición de Benjamin.

Permítaseme, con todo, que antes de entrar en materia vuelva un momento atrás y lo haga para recordar algunas semejanzas, nada despreciables, entre la condición de Benjamin y la del recién mentado Pessoa. Lo primero que debo recordar al respecto es que uno y otro fueron casi coetáneos —el poeta portugués nació cuatro años antes de Benjamin— y fallecieron, por añadidura, a la misma edad. Algunas fotografías, no todas, invitan a identificar, por otra parte, cierto parecido físico entre ambos. Uno y otro experimentaron un pronto deterioro físico y, al morir, aparentaban tener bastantes más años que los que identificaban sus partidas de nacimiento. La vida sentimental de ambos fue poco afortunada, aunque resultase ser mucho más ajetreada, con toda evidencia, la de Benjamin. La escritura se convirtió, para este y para Pessoa, en el quehacer fundamental de sus vidas; siempre escribiendo, el más modesto papel podía servirles. Sus obras se caracterizaron, además, por un culto indisimulado del fragmento: a mi entender, y en este orden de cosas, no faltan las semejanzas entre el *Livro do desassossego* (*Libro del desasosiego*) de Pessoa y el *Libro de los pasajes* de Benjamin. Como en el caso de Pessoa, el ascendiente de la obra de Benjamin se reveló bastantes años después de la muerte de este, y ello pese a que, en vida, había publicado varios libros —con eco, ciertamente, muy reducido— y numerosos artículos en revistas y periódicos, había realizado traducciones de relieve y se había encargado de un buen número de programas de radio[20]. Salta a la vista, eso sí, que el final de Pessoa y el de Benjamin fueron distintos: pese a que el primero tuvo, en los últimos años de su vida, algunos problemas con la censura salazarista, los avatares que rodearon su muerte fueron mucho más tranquilos, claro, que los que marcaron la trágica desaparición de Benjamin.

1. Empecemos nuestro recorrido con algunas consideraciones sobre el aspecto físico de Benjamin. Aunque de joven más bien

---

20. Caygill, Coles y Klimowski, 2014: 61.

delgado, con el paso del tiempo nuestro hombre fue adquiriendo cierta corpulencia. De movimientos lentos, tal vez por efecto de su miopía[21], con aspecto permanentemente cansado y nada atlético[22], no parecía gustar, por lo demás, de sí mismo, algo que justificarían un cuerpo pesado, un físico prematuramente envejecido, las gafas y los trajes desaliñados[23]. Bien es verdad que, en relación con esto último, los acuerdos no menudean. Así, mientras Gisèle Freund afirma, en referencia a los últimos años, que llevaba siempre el mismo traje, a menudo sucio, y cada vez más deteriorado[24], Eiland y Jennings sostienen que, al menos en lo que hace a la etapa anterior, se presentaba correctamente vestido y respetuoso, en este terreno, de las reglas del orden burgués[25].

Para Adorno, "el predominio del espíritu había hecho que fuese ajeno, en muy notable medida, a su existencia física, e incluso a la psicológica"[26]. El propio Adorno remacha: "Sin ser ascético, casi parecía como si no tuviese cuerpo. Él, que era dueño de su yo como nadie, parecía ajeno a su propia *physis*"[27]. Aunque Werner Fuld intentó contraponer la sensualidad natural de Brecht al carisma "no físico" de Benjamin, Scholem recela, con todo, de esa distinción y sugiere que Jean Selz también se equivocaba cuando se refería a Benjamin como un prototipo de intelectual: "Cualquiera que haya conocido a Benjamin personalmente puede testimoniar que era un hombre con sentimientos muy intensos. Y esa intensidad, al ser la base de un sinfín de páginas de sus escritos, es la clave para entenderlos"[28]. A algo similar se refiere probablemente Adorno cuando sostiene que el "aura" de Benjamin era calurosa, no fría: "Tenía una capacidad de transmitir felicidad a los otros que iba mucho

---
21. Rudel, 2006: 64.
22. Scholem, 1995: 57.
23. Rudel, 2006: 74.
24. Freund, 2011: 464.
25. Eiland y Jennings, 2014: 6 y 579.
26. Adorno, 2007: 43.
27. Adorno, 2007: 54.
28. Cit. en Wizisla, 2009: 33.

más allá del simple calor inmediato"[29]. Cierto es que lo anterior no congenia fácilmente con otra opinión vertida por Scholem —"Sus maneras fueron, desde el primer momento, de una extremada cortesía, que establecía una distancia natural al tiempo que parecía solicitar del otro un comportamiento análogo"[30]— y con el reconocimiento, por el propio Adorno, de que Benjamin era una persona extremadamente formal, y ello aun cuando no arrastrase ninguna ínfula de superioridad, sino, antes bien, una ironía llena de ternura que le otorgaba encanto[31]. No son muchas, por lo demás, las fotos de Benjamin que nos han llegado[32]. Susan Sontag señaló que en ellas mira casi siempre hacia abajo y tiene la mano derecha apoyada en el rostro[33].

2. Benjamin se mostró siempre poco inclinado a trasladar a sus escritos materias vinculadas con su vida personal, con la única excepción de las relativas a la infancia[34], una infancia, por cierto, una y otra vez añorada. Hizo gala siempre, en otras palabras, de un visible deseo de mantener, sin intromisiones, un espacio propio[35]. Es fácil apreciar, sin embargo, la tristeza que lo inundaba en su juventud[36]. Si Adorno vincula esa tristeza con "el conocimiento judío de la amenaza y de la catástrofe permanentes"[37], Scholem se refiere en alguna ocasión al carácter depresivo y melancólico de Benjamin[38], que se manifestaba a través de un "humor generalmente sombrío, una profunda melancolía, una tristeza propia del alma judía desarraigada"[39]. Benjamin parece melancólico e ido incluso en una foto, poco reproducida, que lo retrata, en compañía de Brecht, Von

---
29. Adorno, 2007: 60.
30. Scholem, 2014: 39.
31. Adorno, 2007: 60.
32. Véanse, sobre la familia, Benjamin, 1977; sobre familiares y amigos, Puttnies y Smith, 1991. También Rudel, 2006; VV.AA., 1990; Witte, 1985.
33. Saletti, 2010d: 15.
34. Witte, 2002: 14.
35. Scholem, 2014: 58.
36. Scholem, 1995: 25.
37. Adorno, 2007: 43.
38. Scholem, 2014: 118.
39. Rudel, 2006: 16.

Brentano y otras personas, con un bañador *sui generis*, en una playa en Le Lavandou en 1931. Aunque es común que se afirme que Benjamin tenía una risa franca, en las fotos rara vez asoma esa risa: ni siquiera se manifiesta una sonrisa incipiente. Solo hay una excepción: la fotografía tomada en una fiesta en Berlín en la navidad de 1931.

Autocontenido y vergonzoso, es conocido el relato de Jean Selz referido a algo que ocurrió en un bar, con ocasión de una de las estancias de Benjamin en Ibiza: "Poco después llegó una polaca que aquí llamaré María Z. Se unió a nosotros y nos preguntó si habíamos probado una famosa ginebra que había en el Migjorn. La famosa ginebra era de 74 grados. Yo nunca la había probado. Era una bebida infernal. María Z. pidió para ella dos vasos que vació en un momento, con perfecta maestría. Nos desafió a hacer otro tanto. Yo rechacé la invitación. Pero Benjamin la aceptó, pidió dos vasos de ginebra de 74 grados y los bebió, también él, de un golpe. Pese a que su rostro había permanecido impasible, al poco vi cómo se levantaba y se dirigía lentamente hacia la puerta. Nada más salir del bar, se desmoronó. Corrí y, no sin esfuerzo, conseguí levantarlo"[40]. En un auténtico y prolongado calvario, Selz acompañó a Benjamin, cabe suponer que casi arrastrándolo, hasta la casa que el propio Selz tenía en la parte alta de la ciudad de Ibiza, de la que, a la mañana siguiente, el filósofo se ausentó sin decir nada. La relación de Benjamin, visiblemente avergonzado y acaso humillado, con Selz no volvió a ser la misma, y ello pese a los esfuerzos de este por subrayar que lo ocurrido no tenía importancia[41].

Nada de lo dicho implica que Benjamin —extremadamente educado, muy ceremonioso, discreto hasta la aberración[42] y portador de una "cortesía china"[43]— no hiciese gala de vez en cuando de cierto radicalismo personal —llegado el caso, de

---

40. Selz, 2011: 482.
41. Selz, 2011: 483.
42. Scholem, 2014: 59.
43. Rudel, 2006: 16.

cierta brutalidad— que contrastaba con todo lo anterior[44]. No olvidemos que a menudo era mordaz con aquellos con los que no simpatizaba. Véanse, si no, su comentario sobre Arthur Liebert —"Apenas pronunció las primeras palabras me encontré transportado a un cuarto de siglo atrás, en una atmósfera en la que habría podido olerse toda la podredumbre actual"[45]—, recuérdense sus observaciones, muy duras, sobre la biografía de Kafka escrita por Max Brod[46], o subráyense sus severas apreciaciones sobre Émilie Lefranc, socialista responsable de organización educativa en Francia, en lo que respecta a lo que el marxismo vulgar puede tener de inspiración para proyectos contrarrevolucionarios[47]. Algunos testimonios hablan de Benjamin, por lo demás, como de una persona eventualmente irascible. Valero señala, por ejemplo, que en Ibiza, en 1933, y acaso en relación estrecha con la penuria del momento, los lugareños apreciaban en Benjamin a alguien muy irritable[48].

3. Parece obligado concluir que la vida de Benjamin, cargada de frustraciones varias —imposibilidad de desarrollar una carrera académica, dificultad de sacar adelante sus publicaciones, escaso reconocimiento—, no fue precisamente placentera. A ello se sumaron los fracasos y los desencuentros amorosos, que vinieron a desmentir el buen sentido de una aseveración del propio Benjamin: la que afirma que no existe el amor desgraciado[49]. Ahí están los casos de Dora, la esposa, de Jula Cohn y de Asja Lacis, acaso los tres grandes amores de Benjamin[50]. En la percepción de Scholem, lo que atraía a las mujeres en el caso de Benjamin era su conversación, de tal suerte que nuestro hombre se les antojaba más bien incorpóreo. Se pregunta Scholem —y retomo una discusión anterior— si ello no era consecuencia

---
44. Scholem, 1995: 25.
45. Tackels, 2013: 526.
46. Tackels, 2013: 544.
47. Eiland y Jennings, 2014: 637.
48. Valero, 2001: 97.
49. Cit. en Rudel, 2006: 76.
50. Brodersen, 2005: 25.

de cierta falta de vitalidad o del bloqueo de esta última, que hacía que la fortaleza solo se manifestase de forma metafísica en un ser humano más bien alejado del mundo terrenal[51]. Nada de lo dicho impidió que, al menos durante la década de 1920 y principios de la siguiente, Benjamin fuese una persona enamoradiza.

Pero el carácter tormentoso de la vida de Benjamin tiene acaso su mejor refrendo en una inocultable propensión al suicidio. Brodersen sugiere que a los ojos de Dora Kellner la boda con Benjamin en 1917 fue una manera de sortear el horizonte de un suicidio que ya entonces atenazaba a su esposo[52]. Sabido es, de cualquier modo, que, dejando de lado lo presuntamente ocurrido en Portbou en 1940, el vínculo más fuerte de Benjamin con el suicidio se produjo en 1932. En junio de ese año le escribe a Scholem: "Creo que para entonces estaré en Niza, donde conozco a un tipo bastante grotesco con el que ya me he cruzado aquí y allá, y al que invitaré a un vaso de vino cuando no me apetezca estar solo"[53]. Un año antes, en 1931, había sopesado el suicidio para combatir la pobreza que lo minaba y para hacer frente a la incapacidad de desarrollar una vida plena[54]. Witte recuerda que no están claras las razones que explican por qué Benjamin no consumó su suicidio en 1932, tanto más cuanto que lo había anunciado y preparado minuciosamente[55]. Cierto es, sin embargo, que en carta dirigida a Egon y Gert Wissing el 27 de julio de ese año, desde Niza, Benjamin confiesa que aún no sabe con seguridad si llevará a la práctica sus intenciones[56]. En esa misma carta Benjamin hace explícitas sus razones para quitarse la vida: "¿Cómo debería actuar cuando las posibilidades de sobrevivir para un escritor de su actitud y formación están a punto de desvanecerse radicalmente en Alemania? Solo la vida con una mujer o un trabajo bien definido le

---
51. Scholem, 2014: 156.
52. Brodersen, 1997: 34.
53. Carta a Gershom Scholem, junio de 1932, en Benjamin, 2008a: 62-63.
54. Rudel, 2006: 142.
55. Witte, 2002: 153.
56. Carta a Egon y Gert Wissing, 27 de julio de 1932, en Benjamin, 2008a: 74.

podría proporcionar un estímulo suficiente para abordar estos apuros tan frecuentes"[57]. Scholem sospecha que la decisión de suicidarse bien pudo relacionarse con el hecho de que una mujer, Olga Parem, hubiese rechazado sin titubear una inesperada petición de matrimonio formulada por Benjamin[58].

4. Hay un acuerdo general en lo que hace a la idea de que Benjamin era persona poco preparada para la vida. Hay quien ha invocado al respecto la sobreprotección que habría padecido en la niñez[59]. No se olvide que durante un tiempo estudió, con preceptores, en casa y que, de resultas, arrastró un conocimiento precario del mundo exterior. Conflictivamente integrado en la clase social que cabe suponer era la suya, probablemente las excursiones y las vacaciones de la infancia —el mar del Norte, el Báltico, Silesia, Bohemia, Suiza— fueron una oportunidad para sortear un ambiente más bien represivo[60]. Si Hannah Arendt afirmó que Benjamin "no había aprendido a nadar ni a favor de corriente ni en contra de ella"[61], Asja Lacis concluyó en alguna ocasión que nuestro hombre parecía sacado de otro planeta. Lisa Fittko, por su parte, habla del Benjamin de las horas postreras como si en él se dieran cita una manifiesta falta de habilidad para las cosas prácticas y un análisis cuidadoso e inteligente en la teoría, no sin agregar que lo sopesaba todo meticulosamente[62]. Eiland y Jennings, por su parte, aseveran que Benjamin se refería a menudo a sí mismo como si fuese un monje, muy interesado en la vida contemplativa. Bien es verdad que lo anterior contrasta con una figura en la que en ocasiones se barruntaba una sensualidad salvaje, como lo testimoniarían sus aventuras eróticas, sus experimentos con las drogas y su afición al juego[63].

---

57. Carta a Egon y Gert Wissing, 27 de julio de 1932, en Benjamin, 2008a: 75-76.
58. Scholem, 2014: 285.
59. Rudel, 2006: 31.
60. Rudel, 2006: 49.
61. Cit. en Tackels, 2013: 17.
62. Heinemann, 1994: 150.
63. Eiland y Jennings, 2014: 4-5.

En un terreno próximo, Benjamin pareció acatar siempre que su condición no era la característica de una persona útil. Dejemos hablar de nuevo a Hannah Arendt: "La propia idea de convertirse en un miembro útil de la sociedad le hubiese repugnado. No hay duda de que estaba de acuerdo con Baudelaire: 'Ser un hombre útil me ha resultado siempre algo espantoso'"[64]. Lo que ahora nos ocupa frisa con otra circunstancia: la de que Benjamin, en muchos sentidos, vivía fuera de su tiempo. Palmier subraya al respecto cómo cuando Heym, Trakl y Benn rompían las formas poéticas tradicionales, Benjamin leía, en cambio, a Hölderlin, a Baudelaire y a Stefan George. Cuando tantos intelectuales europeos reflexionaban sobre el significado de la primera guerra mundial, Benjamin se abstraía en la lectura de Kant y de los románticos, o en la elaboración de una filosofía del lenguaje. La propia riqueza de la vida artística del Berlín de la década de 1920 pareció dejar frío a Benjamin[65], quien a menudo hizo gala de una actitud muy heterodoxa que a buen seguro le cerró muchas puertas. Scholem ha recordado, por ejemplo, que prestó poca atención a las obras, entonces rodeadas de visible fama, de Heinrich y de Thomas Mann, de Lion Feuchtwanger y de Emil Ludwig, de Stefan Zweig o de Hermann Broch. Le interesaba mucho más un escritor a la sazón marginal como al cabo lo era Kafka[66]. Adorno agrega que la desmesura de Benjamin "le permitía desarrollar su vida de ensayista actuando como un llanero solitario, sin ninguna protección, y sin someterse a táctica alguna, al margen de los juegos de sociedad de la república de los espíritus"[67]. Bien es verdad que en los últimos años, los del exilio, Benjamin experimentó un acercamiento a las gentes de su tiempo. Arendt ha señalado, en suma, que parecía un hombre del XIX lanzado al XX, de tal suerte que su apego por París era, en más de un sentido, un intento de restaurar en su vida el

---

64. Arendt, 2014: 13.
65. Palmier, 2010: 12-13.
66. Cit. en Palmier, 2006: 583 y 585; Reijen y Doorn, 2001: 146 y ss.
67. Adorno, 2007: 11.

primero de esos dos siglos[68]. Con vocación que intuyo similar, el propio Palmier subraya que el Berlín inmortalizado por Benjamin era una ciudad que, a punto de morir, nunca sedujo, por su modernidad, a nuestro hombre[69].

5. Hora es esta de certificar que, en paralelo con lo anterior, Benjamin se mostró poco implicado —lo cual no significa necesariamente que tuviese poco interés al respecto— en los acontecimientos políticos cotidianos. Y ello desde el principio. No olvidemos que su oposición a la primera guerra mundial no se tradujo en compromisos ni militancias concretos[70], y que, por añadidura, no tuvo ningún reflejo en su epistolario de aquellos años[71]. Palmier recuerda, con tino, que la propia guerra de 1914, el hundimiento de los imperios centrales, la revolución soviética y el fracaso del espartaquismo apenas dejaron huella en la correspondencia de Benjamin[72]. El mismo Palmier subraya que sorprende un tanto que Benjamin no prestase atención a las primeras manifestaciones del fascismo, en Italia, y del nacionalsocialismo, en Alemania[73]. "Alguien que, como Benjamin, estaba tan vinculado con una visión metafísica de la vida debía sentir que la invitación a adoptar una posición más activa en los acontecimientos del momento y en los problemas políticos era casi una provocación", apostilla Brodersen[74]. Con intención pareja, Bensaïd tuvo a bien anotar que es muy difícil imaginar a Benjamin metamorfoseado en militante y, más aún, en dirigente político[75], o inmerso en algo que oliese a lucha de clases.

Cierto es que en algún momento preciso, y acaso en virtud de alguna de sus relaciones amorosas, Benjamin procuró un acercamiento a movimientos y realidades más apegados al

---

68. Arendt, 2014: 45.
69. Palmier, 2010: 90.
70. Palmier, 2010: 170.
71. Scholem, 2014: 59.
72. Palmier, 2010: 190.
73. Palmier, 2010: 300.
74. Brodersen, 1997: 87.
75. Bensaïd, 2010: 16.

suelo. Tal vez fue esa la circunstancia que explica su aproximación, vía Asja Lacis, a la Liga de Autores Proletarios-Revolucionarios[76]. Cuando Lacis, en 1935, le sugirió que espabilase para trasladarse a Moscú, ante la frialdad con la que Benjamin recibió la propuesta se vio obligada a reprocharle su aislamiento y su escasa voluntad de reaccionar de forma viva ante el fascismo[77]. Brodersen ha afirmado que Georg, el hermano de Walter, militante del Partido Comunista alemán, era, en este terreno, muy distinto. Aunque, al parecer, no faltaron de su lado las sugerencias dirigidas a Walter y encaminadas a que este se sumase al partido, tampoco fueron singularmente insistentes[78].

6. Witte sostiene que la confrontación de Benjamin con su padre está en el origen del repudio, por nuestro autor, de las formas burguesas de existencia[79], en el buen entendido de que ese repudio nunca fue ni pleno ni consecuente. Entre esas formas cabe incluir, claro, las relativas al trabajo. Y es que conviene subrayar que Benjamin nunca buscó un trabajo convencional, ni siquiera en situaciones que cabe calificar de muy delicadas. El momento en que más se acercó al horizonte de un trabajo de esa naturaleza fue cuando acarició la posibilidad de convertirse, con la ayuda financiera de su padre, en comerciante de libros usados[80]. Entre tanto, había rechazado las presiones paternas orientadas a encontrar un empleo en la banca. En realidad parece que ni siquiera cuando Benjamin procuró abrirse camino en el mundo académico, a mediados de la década de 1920, sopesó seriamente la perspectiva de dar clases[81]. "Temo casi todo aquello que pueda acompañar a un desenlace feliz: sobre todo Frankfurt, luego los cursos, los alumnos... cosas todas que quitan tiempo de una manera asesina", confesó a Scholem[82].

---

76. Brodersen, 1997: 175.
77. Rudel, 2006: 167.
78. Brodersen, 1997: 208.
79. Witte, 2002: 15.
80. Witte, 2002: 80; Arendt, 2014: 56.
81. Witte, 2002: 100.
82. Witte, 2002: 100-101.

Entregado a la investigación y a la escritura —muy trabajador, hizo gala de una enorme productividad, acaso oculta por las dificultades a la hora de publicar los textos—, Benjamin tuvo que adaptarse a una economía precaria de la que formaban parte los artículos, durante unos años los programas de radio y, sobre todo, las traducciones de autores franceses al alemán. Nunca trabajó, por lo demás, en materias que tuviesen un atractivo comercial evidente. En este sentido su obra reflejó casi siempre sus preocupaciones e inquietudes, y a duras penas cabe decir que Benjamin se sirviese de ella, no ya para enriquecerse, sino, simplemente, como forma de ganarse la vida. Era consciente, de cualquier modo, de los riesgos que se derivaban de la opción asumida: "Aquel que en Alemania realiza seriamente un trabajo intelectual se ve amenazado por el hambre de la manera más seria", escribió a Florens Christian Rang[83]. El escenario se fue haciendo cada vez más difícil en la medida en que la ruina del padre, quien no está de más recordar se vio obligado a vender una carta de Martín Lutero por la que sentía particular aprecio, cerró horizontes.

Cierto es que, pese a lo dicho, no faltaron del lado de Benjamin conductas dispendiosas. Max Rychner, director de las páginas de cultura del *Kölnischer Zeitung*, contó que en una ocasión Benjamin lo invitó a un lujoso restaurante berlinés y que, a la hora de pagar, sacó una gruesa cartera repleta de billetes de cien marcos[84]. En esta misma rúbrica hay que situar la afición de Benjamin por el juego. No hablo ahora, claro, del póquer y del ajedrez que acompañaron a menudo sus encuentros con Scholem, con Koestler y con Brecht. Estoy pensando en sus visitas, acaso frecuentes, a los casinos[85]. Scholem recuerda que en una ocasión Benjamin se dejó hasta el último céntimo en uno de ellos, de tal suerte que tuvo que pedir prestado para regresar a casa[86]. Eiland y Jennings señalan que si Dora, la hermana, se

---

83. Cit. en Witte, 2002: 80.
84. Mayer, 1992: 19.
85. Rudel, 2006: 13.
86. Gershom Scholem, cit. en Rudel, 2006: 97.

mostraba renuente a entregar dinero a Walter era porque estaba segura de que este lo gastaba en el juego. El propio Scholem parecía reticente, por el mismo motivo, a acceder a las peticiones de ayuda de Benjamin[87]. Otra Dora, la exmujer, no dudó en recordar que Walter había perdido una suma importante en el casino de Montecarlo. Cierto es que en alguna ocasión nuestro hombre sacó provecho de su visita a una casa de juego; pudo pagarse, por ejemplo, un viaje a Córcega en avión[88].

7. Otro rasgo llamativo de la actitud vital de Walter Benjamin lo aporta el deseo de salvaguardar su obra para la posteridad, a través, ante todo, de la entrega, o del envío, de manuscritos, libretas y pruebas de imprenta a unos u otros conocidos[89]. La seguridad en lo que hace a la condición de los materiales del archivo de Benjamin parecía ser para este una cuestión vital. "Reparaba los daños mecánicos padecidos por sus papeles con finas tiras de papel transparente o de pliegos de sellos, o, como sucedió en un caso concreto, con aguja e hilo. A mediados de la década de 1930 encargó la reproducción fotográfica del *Libro de los pasajes* y envió las fotos al Instituto de Investigación Social de Nueva York para que fuesen guardadas. Realizó (o encargó a otros) copias de sus trabajos y las remitió a amigos y colegas con la petición de 'custodiar cuidadosamente los manuscritos'. En caso de devolución o de reenvío a terceros, pedía repetidamente —añadiendo el dinero necesario— que se aseguraran esas operaciones"[90]. El "Índice de mis trabajos impresos" elaborado por Benjamin reúne 436 pruebas de imprenta de los años que median entre 1911 y 1939; Benjamin puso empeño en pedir a una mecanógrafa que lo transcribiera una vez más[91]. Era frecuente, por añadidura, y como se acaba de señalar, que encargase varias copias mecanografiadas de sus escritos para su

---

87. Eiland y Jennings, 2014: 484.
88. Hetmann, 2004: 161.
89. Wizisla, 2010b: 18.
90. Marx, 2010: 26.
91. Marx, 2010: 27.

envío a personas distintas; de entre ellas, Gershom Scholem fue un receptor privilegiado de los textos[92]. Al parecer, en fin, en la casa de Benjamin en Berlín había un armario cerrado en el que nuestro hombre guardaba, en "anaqueles, baúles y cajas", la huella de su vida y de sus escritos[93]. Benjamin era más bien escéptico, con todo, en lo que se refiere a la posibilidad de que fuesen colmadas sus expectativas en lo que respecta a lo que había de ocurrir con su obra. Parecía consolarse con poco: "Para alguien cuyos escritos se encuentran tan desperdigados como los míos, y a quien las circunstancias de su época ya no le permiten abrigar la ilusión de poder verlos un día compilados, constituye una verdadera reafirmación saber que aquí o allá habrá un lector que de alguna manera ha sabido familiarizarse con mis desperdigados trabajos"[94]. La impresión es que la obsesión de Benjamin en el sentido de salvaguardar su obra en poco o nada remitía a un designio de promoción de su persona. Recuérdese al respecto que nunca sintió la tentación de escribir una autobiografía[95] y que el único texto rematado que en algo puede recordar a esta última —*Infancia en Berlín hacia 1900*— por razones obvias no se ajusta a lo que convencionalmente se entiende por tal. Adorno aseveró, en fin, que "al tiempo que se consideraba a sí mismo un instrumento de su pensamiento, y que no veía en su vida un fin en sí, pese a la riqueza increíble de contenido y de experiencia que encarnaba, o quizás a causa de ella, nunca lamentó su destino como una desgracia personal"[96]. Lo dicho no significa necesariamente que no hubiera en Benjamin un egocéntrico, condición esta última que en más de un sentido vendría a explicar muchos de sus fracasos[97].

---

92. Lacoste, 2005: 11.
93. Marx, 2010: 26.
94. Cit. en Wizisla, 2010a: 40.
95. VV.AA., 1990: 24.
96. Adorno, 2007: 61.
97. Puttnies y Smith, 1991: 16.

8. Walter Benjamin fue una persona obsesionada por la lengua y por el cuidado en el uso de esta, al amparo, en palabras de Scholem, de "una abstracción muy elevada, una plenitud sensible y una dicción plástica"[98]. Cuenta Adorno que, comoquiera que en una ocasión alguien adujese que en la conversación cotidiana los usos lingüísticos se relajan un tanto y, con ellos, también lo hacen las reglas de la gramática, Benjamin rechazó vehementemente la afirmación de que semejante conducta fuese disculpable[99]. Gran conversador, como veremos, este rasgo tuvo consecuencias en su obra escrita. Dejemos hablar al respecto a Beatriz Sarlo: "Como escritor, esta cualidad dialógica lo empuja hacia la cita, esa amistad con la escritura ajena, que es a la vez un reconocimiento, una competencia y un combate. Su reserva lo llevó a trabajar la cita con las prevenciones con que un cuerpo toca a otro desconocido, haciéndola pasar primero por sus cuadernos de notas, para acercarla, en el movimiento de la caligrafía, a la respiración de su escritura"[100]. Una vez, y aunque hay que dar un crédito limitado a esta querencia, confesó que no quería ser reconocido, esto es, que prefería ser confundido con otros[101]. Sabido es, por otra parte, que Benjamin adujo que, si escribía un mejor alemán que la mayoría de los autores de su generación, ello era así porque, excepto en las cartas, se abstenía de emplear la palabra "yo". Tenía, por lo demás, y tal y como lo recuerda el propio Adorno, la pasión de redactar cartas[102], "los símbolos de una voz que habla, que escribe hablando"[103]. Le gustaba redactar a mano, por añadidura, esas cartas, incluso en años en los cuales las máquinas de escribir disfrutaban ya de una presencia consistente[104]. De manera más general, Benjamin sentía pasión por el acto de escribir, que al parecer le producía singular placer[105].

---

98. Scholem, 1995: 43.
99. Adorno, 2007: 56.
100. Sarlo, 2001: 30.
101. Rudel, 2006: 21.
102. Adorno, 2007: 55.
103. Adorno, 2007: 56.
104. Adorno, 2007: 56.
105. Eiland y Jennings, 2014: 6.

Importa subrayar que a menudo se ha señalado que Benjamin, pese a su timidez, era un conversador intenso en el que se daban la mano el humor y la seriedad[106]. De palabra lenta y sosegada, y siempre en busca de una formulación más precisa[107], la voz de Benjamin era —se nos dice— melodiosa y se hacía acompañar de gestos muy expresivos[108]. Selz recuerda, por lo demás, que Benjamin, muy reflexivo, solía mantener el mentón apoyado sobre su mano[109]. "Hablaba como un libro, y la hermosa fórmula en la que señala que el viejo Goethe ya no se refería a su vida interior como no fuese en lengua de cancillería se aplica perfectamente a su persona", escribió Adorno[110]. Parece, por otra parte, que rehuía las afirmaciones solemnes en las que no había lugar para la duda. "El término 'de alguna manera' es la marca de toda concepción que no ha alcanzado todavía su forma plena. A ningún hombre le he oído emplear esta expresión con tanta frecuencia como a Benjamin"[111], anotó Scholem. No faltan los testimonios, aun con todo, que sugieren que en ocasiones Benjamin era persona apasionada y, llegado el caso, virulenta[112]. Gisèle Freund certifica, por ejemplo, que en una ocasión se mostró muy airado tras señalar que Adorno, a su entender, había censurado alguno de sus escritos[113].

No cabe afirmar que Benjamin, un maestro en alemán, tuviese particulares dotes en lo que atañe al dominio de lenguas. Dominó, ciertamente, el francés, lengua desde la cual hizo —ya lo hemos apuntado— señaladas traducciones. Poco después de iniciar su exilio parisino en 1933 le confesó con orgullo a Gretel Karplus que su primer artículo redactado en francés incluía, según un nativo, un único error[114]. Sabemos también que Benjamin estudió hebreo, con la perspectiva, en la trastienda, de

---

106. Scholem, 1995: 26.
107. Scholem, 1995: 26.
108. Eiland y Jennings, 2014: 6.
109. Selz, 2011: 471.
110. Adorno, 2007: 43.
111. Scholem, 2014: 70.
112. Monnier, 2011: 462.
113. Freund, 2011: 465.
114. Eiland y Jennings, 2014: 436.

instalarse en Palestina, donde vivía su amigo Scholem[115]. Aunque los progresos parecieron ser menores, Scholem menciona que, según Dora, la esposa de Benjamin, este último era capaz de hacer juegos de palabras en esa lengua[116]. Y tenemos conocimiento de que empezó a estudiar inglés, junto con Hannah Arendt, en enero de 1940, previendo el desplazamiento a Estados Unidos[117]. A finales de abril o principios de mayo de 1940 le hizo saber a Gretel Karplus que, pese a no poder redactar una carta en inglés, no tenía mayor problema para leer las que recibía en esa lengua[118]. Probablemente con ayuda, escribió en inglés una carta de agradecimiento dirigida a Cecilia Razovsky, trabajadora social en la oficina parisina del servicio de refugiados[119].

Algo debía hablar Benjamin, con certeza, de español, que sabemos estudió —me ocuparé de ello más adelante— en Ibiza y acaso utilizó en sus horas postreras en Portbou. Aun así, en carta a Scholem escrita en Ibiza el 1 de septiembre de 1933 confiesa "apenas hablar la lengua del país"[120]; cabe suponer, aunque la duda es razonable, que se refiere al castellano, y no al catalán ibicenco. En la biblioteca de Benjamin, y por lo que creo saber, no había ningún libro en castellano, en italiano o en portugués. Curioso desdén el suyo, si exceptuamos el francés, por las lenguas románicas.

9. Benjamin fue una persona enormemente curiosa[121]. Le interesaban la poesía, los tratados filosóficos, los dibujos animados, la novela policiaca, la radio, las drogas, los juguetes, la grafología, la pornografía, la comida, la literatura para niños y, naturalmente, la política. Cierto es que la dispersión consiguiente

---

[115]. Witte, 2002: 124-125.
[116]. Scholem, 2014: 148.
[117]. Saletti, 2010b: 151.
[118]. Carta a Gretel Karplus, finales de abril/principios de mayo de 1940, en Benjamin, 2014a: 168.
[119]. Eiland y Jennings, 2014: 654.
[120]. Carta a Scholem, septiembre de 1933, en Benjamin, 2008a: 268.
[121]. Rainer Rochlitz, en Benjamin, 2000c: 12.

algo pudo deberle al hecho de no haber prosperado su carrera universitaria, circunstancia que obligó a nuestro autor a asumir publicaciones ocasionales que acaso no eran su mayor prioridad. Rochlitz subraya, sin embargo, que es muy probable que la dispersión que nos ocupa se adaptase bien, sin más, al carácter de Benjamin[122]. Y es que, según esta versión de los hechos, era una persona deseosa de probarlo todo, como lo testimonian, en singular, sus experimentos con el hachís[123].

Una de las concreciones más llamativas de la curiosidad benjaminiana fue, sin duda, el afán coleccionista desplegado. Benjamin coleccionó libros, y en particular libros infantiles y volúmenes publicados por enfermos mentales[124]. Pero también acopió juguetes y *foulards* de la revolución francesa[125]. Es inevitable invocar al respecto la influencia paterna: no se olvide que el padre había sido anticuario y marchante de obras de arte, y que había acumulado una importante colección de autógrafos, incluido uno —ya lo he señalado— de Martín Lutero[126]. Arendt señala que la condición de coleccionista, en el caso de Benjamin, acabó por asumir un perfil singularísimo: el del coleccionista de citas[127]. Téngase presente que sus textos, o la mayoría de ellos, eran, sin más, eso: colecciones de citas. El ideal de Benjamin —apostilla Arendt— era generar un trabajo constituido exclusivamente por citas, de tal suerte que la habilidad en la elaboración permitiese evitar todo texto de acompañamiento[128].

Permítaseme que, para contrarrestar una imagen, muy extendida, que vincula a Benjamin en exclusiva con la "alta literatura", llame la atención sobre la condición de lector voraz de novelas policiacas que arrastró durante muchos años nuestro hombre. Así lo testimonia su presunta admiración por Pierre Véry, Simenon, Émile Gaboriau, Maurice Leblanc, Somerset

---

122. Rainer Rochlitz, en Benjamin, 2000c: 12.
123. Hetmann, 2004: 200 y ss.
124. Scholem, 1995: 27.
125. Rudel, 2006: 127.
126. Allen, 2000: 8-9.
127. Arendt, 2014: 84.
128. Arendt, 2014: 100.

Maugham, Agatha Christie o James M. Cain, autores que tal vez consideraba formaban parte, también, de la "alta literatura" recién mencionada. Al parecer aconsejaba a sus amigos alemanes que hiciesen el esfuerzo de leer a Simenon en francés[129], consejo que, apostilla Scholem, nunca acompañó, en cambio, a sus recomendaciones relativas a la obra de Proust, acaso porque la traducción al alemán de esta la había realizado, siquiera parcialmente, el propio Benjamin...[130]. Consta que planeó escribir una novela policiaca con Wilhelm Speyer[131]; en carta a Gretel Karplus, en 1933, afirma que entre los proyectos que contemplaba estaba el de escribir una novela policiaca, "cuando tenga alguna sospecha de que saldrá bien"[132].

10. Terminemos nuestro recorrido con el recordatorio de que Benjamin fue un viajero impenitente. "De los tres grandes deseos de mi vida el primero que reconocí fue el de hacer largos viajes, sobre todo, a lugares lejanos"[133]. Hay quien ha interpretado que en más de un sentido la pasión viajera de Benjamin era una suerte de compensación ante las numerosas frustraciones —familiares, amorosas, laborales, políticas— que Alemania le producía[134]. Esa pasión se vio aderezada, ciertamente, por otra: la de escribir diarios relativos a los viajes realizados, como lo demuestran los casos de Nápoles, Moscú, Ibiza o Marsella[135]. Agreguemos que Benjamin no llegó a desarrollar dos viajes que, a buen seguro, rondaron su cabeza en muchos momentos de su vida. El primero tenía como destino Palestina, que cabe entender, no obstante, no le atraía mayormente. En septiembre de 1933 le escribió a Scholem: "No. El hecho de considerar una estancia mía en Palestina en razón de fijarme una dirección en mi trabajo es algo que en ningún momento he considerado

---

129. Tackels, 2013: 460-461.
130. Scholem, 2014: 72.
131. Brodersen, 1997: 210; Witte, 2002: 153.
132. Carta a Gretel Karplus, 16 de mayo de 1933, en Benjamin, 2008a: 178.
133. Cit. en Brodersen, 1997: 33.
134. Brodersen, 1997: 142.
135. Brodersen, 1997: 34.

como una solución que pertenezca al ámbito de lo posible"¹³⁶. No se olvide al respecto que a Benjamin no le confortaban, de manera más precisa, ni el sionismo político ni la perspectiva de concentrar su atención en la cultura o en la filosofía judías. El segundo viaje frustrado, en este caso en buena medida por razones ajenas a Benjamin, fue el que tenía como final Estados Unidos. Parece innegable —volveré sobre la cuestión— que tampoco era un destino singularmente atractivo para el autor del *Libro de los pasajes*.

BENJAMIN Y ESPAÑA

Incluyo en este epígrafe unas breves anotaciones sobre la relación de Benjamin con España. Al respecto intentaré, primero, dar cuenta de los viajes en los que nuestro autor pisó suelo español, para, más adelante, prestar alguna atención a sus vínculos culturales y políticos con el país.

1. Si mi información es correcta, Walter Benjamin viajó en cuatro ocasiones a España. La primera, la menos estudiada, lo condujo en 1925 a Córdoba y Sevilla, y, más tarde, a Alicante y Barcelona. El segundo y el tercero de los viajes, en 1932 y 1933, tuvieron como destino final la isla de Ibiza. La cuarta, última y trágica experiencia española culminó, en 1940, con la muerte de Benjamin en Portbou, en Cataluña.

Acabo de adelantar que el menos conocido de los viajes españoles de Benjamin se produjo en el verano de 1925. Benjamin se trasladó en barco desde Hamburgo hasta Nápoles. En carta a Scholem de julio de ese año le señala a este que el buque hará escala en los principales puertos españoles y que esa circunstancia le permitirá realizar una visita turística a precios módicos¹³⁷. Aunque no he conseguido aclarar las circunstancias,

---

136. Carta a Scholem, septiembre de 1933, en Benjamin, 2008a: 266.
137. Benjamin, 1994: 278.

43

parece que una escala forzada, cabe suponer que de resultas de una avería, habría permitido que Benjamin asumiese una excursión a Córdoba y Sevilla[138], marcada por un calor asfixiante[139]. Primero viajó a Córdoba, donde visitó la mezquita, y luego lo hizo a Sevilla[140], en donde prestó atención a la catedral y al alcázar —de este hace una rápida mención en *Calle de sentido único*[141]— mientras era víctima de una violenta indisposición gástrica[142]. En Sevilla tomó conocimiento Benjamin, por otra parte, de la pintura de Juan Valdés Leal: "He descubierto en Sevilla un poderoso pintor barroco que debería haber sido incluido en las dedicatorias de *Las flores del mal* de Baudelaire si este lo hubiese conocido", escribió en carta dirigida a Scholem de septiembre del año en cuestión[143]. Lacoste recuerda que en aquel momento Benjamin sopesó la posibilidad de quedarse en España. "Es de un exotismo fascinante. Lo encaro todo en función de la idea de que podría vivir aquí. Debe ser magnífico si uno aprende a adaptarse al clima, que es perfectamente africano. Esta tarea es ardua y ha absorbido mis fuerzas hasta el último extremo"[144]. Por lo que parece, el barco, tras cruzar el estrecho de Gibraltar, recaló también en Alicante y en Barcelona[145], ciudad esta última en la que Benjamin apreció una combinación sugerente entre la apertura a horizontes lejanos propia de los puertos y el repliegue hacia el interior característico de los bulevares parisinos[146]. "Hicimos escala en Barcelona, una salvaje villa portuaria que en un espacio reducido imita con mucho acierto los bulevares de París. Por todas partes he conseguido ver cafés y barrios populares en rincones nada disimulados, en parte porque me abandonaba a mis constantes

---

138. Carta a Gershom Scholem, finales de agosto de 1925, en VV.AA., 1990: 208.
139. Lacoste, 2005: 232.
140. Reijen y Doorn, 2001: 89.
141. Benjamin, 2015a: 58-59.
142. Lacoste, 2005: 232.
143. Benjamin, 1994: 283.
144. Carta a Salomon-Delatour, acaso del 29 de agosto de 1925, cit. en Lacoste, 2005: 232.
145. Lacoste, 2005: 96.
146. Lacoste, 2005: 233.

errores de itinerario y en parte en estrecha fraternidad con el capitán y los oficiales"[147].

El segundo de los viajes de Benjamin se produjo en 1932 y tuvo como destino —ya lo he señalado— Ibiza, en donde residió de abril a julio de 1932. Benjamin embarcó en Hamburgo el 7, o el 8, de abril y llegó a Barcelona once días después[148]. El viaje lo realizó a bordo del *Catania*, el mismo buque del que se había servido en 1925 y del que el propio Benjamin señaló debía realizar escalas en Holanda y en Portugal[149]. Desde Barcelona se dirigió a Ibiza en el *Ciudad de Valencia*, un barco regular de la Transmediterránea[150]. Dejó Ibiza el 17 de julio para trasladarse a Niza vía Mallorca[151]. Cierto es que en uno de los relatos breves escritos en Ibiza en 1932[152] Benjamin se refiere al puerto de Alicante, que al parecer conoció, como escala —también lo he anotado—, en el viaje de 1925[153] y, de nuevo, en el de 1932. Lo menciona asimismo en su texto "Spanien, 1932" ("España, 1932")[154]. Ha habido también alguna especulación en lo que se refiere a la posibilidad de que en los desplazamientos marítimos que condujeron a Benjamin a la península Ibérica en 1925 y 1932 el barco hiciese escala en Santander, algo que justificaría el título de un texto célebre del escritor: "Agesilaus Santander"[155].

La primera estancia ibicenca de Benjamin parece que dio pie a una etapa más que feliz, tal vez la última en la vida de nuestro hombre, y ello aun cuando Benjamin no ocultase lo que le faltaba en la pequeña localidad de Sant Antoni: "La luz eléctrica y la mantequilla, los alcoholes y el agua corriente, el flirteo y la lectura de periódicos"[156]. Si bien es cierto que Benjamin se había

---

147. Carta a Gerhard Scholem, 21 de septiembre de 1925, cit. en Lacoste, 2005: 233.
148. Benjamin, 2011a: 401.
149. Valero, 2001: 32.
150. Valero, 2001: 39.
151. Benjamin, 2011a: 401.
152. Benjamin, 2011d: 109.
153. Lacoste, 2005: 96.
154. Benjamin, 2011a: 245.
155. Benjamin, 2011a: 420.
156. Cit. en Valero, 2001: 50.

asomado con frecuencia a las costas del Mediterráneo, en Ibiza descubrió un mundo antiguo que no estaba lleno de ruinas, como sucedía a menudo en Grecia y en Italia, y que, al mismo tiempo, no era objeto de la contaminación cultural foránea. No se topó en la isla, como lo subraya, y en el marco general de una de sus preocupaciones mayores —la relación entre lo antiguo y lo moderno[157]—, con arqueología o con vestigios de la antigüedad: "La presencia de lo antiguo que marca a Benjamin desde su llegada remite a la condición de los habitantes, a sus casas y a su modo de vida, que parecen formar parte y haber sido sacados de un pasado que se habría perpetuado sin falla, sin ruptura"[158]. Benjamin encontró, según Bayart, un lugar de vida fácil, barato —esto era muy importante, dadas las circunstancias— y tranquilo que ofrecía condiciones idóneas, por añadidura, para trabajar[159]. En lo que a la economía se refiere, en una carta dirigida a Gretel Karplus en mayo de 1932 señala: "Puedo vivir aquí con una pequeña parte de lo que necesitaría en Berlín"[160]. Cierto es que nada de lo anterior impide que Benjamin atisbe los efectos de un futuro diferente para Ibiza. Habla al respecto, por ejemplo, de esos hoteles inacabados que esperan el agua corriente para los extranjeros, y agrega: "El tiempo que nos separa de su conclusión se ha hecho precioso"[161].

Por lo que a la segunda estancia ibicenca se refiere, el tercero de nuestros viajes, se verificó entre abril y septiembre de 1933. Benjamin viajó en tren desde París a Barcelona, donde, en compañía de Jean Selz, pasó cuatro noches y visitó ante todo el barrio chino "de antes de la revolución española"[162]. Según Selz, "una humanidad frenética llenaba sus cabarets"[163]. Viajaron a Ibiza a bordo del *Ciudad de Málaga*[164]. Del 2 al 10 de julio, por lo demás, Benjamin se desplazó a Mallorca para renovar

---

157. Valero, 2001: 9; Valero, 2008: 15.
158. Bayart, 2011: 10.
159. Bayart, 2011: 10.
160. Carta a Gretel Karplus, mayo de 1932, en Benjamin, 2008a: 52.
161. Benjamin, 2011a: 223.
162. Selz, 2011: 478.
163. Cit. en Valero, 2001: 88.
164. Valero, 2001: 88.

su pasaporte; en la isla visitó Palma —donde ya había estado el año anterior—, Valldemossa, Deià y Cala Ratjada[165]. El regreso a París, en septiembre, se produjo de nuevo en tren, vía Barcelona, a donde lo llevó el *Ciudad de Mahón*[166]. Salta a la vista que las condiciones de este segundo viaje fueron muy diferentes de las del primero: Benjamin era un exiliado y su horizonte vital parecía haber ido cerrándose, con consecuencias esperables. "Incluso los habitantes del pueblo [de Sant Antoni], a quienes durante su primera estancia había admirado por su 'serenidad y belleza', ahora le resultaban 'tristes y desagradables'", afirma Valero[167]. Las propias condiciones de trabajo, en lo que a materiales —libros— disponibles se refiere, eran cualquier cosa menos halagüeñas[168]. En Ibiza —donde pudo coincidir con el general Franco, nuevo comandante militar de las Baleares, quien visitó la isla el 6 de mayo de 1933— empezó a estudiar "seriamente" español. Contaba con "una gramática algo pasada de moda, las mil palabras básicas y, finalmente, un novedoso y sugerente método muy refinado"[169]. Valero anota que el segundo de los textos invocados era con certeza el titulado *El español en mil palabras*[170]. Aunque esta segunda estancia ibicenca no fue tan placentera como la primera, no parece que se tradujese en malos recuerdos de la isla. Rescatemos al respecto que en 1936, y en carta dirigida a Alfred Cohn, Benjamin no ocultó su desazón tras haber leído en un periódico que Ibiza, inmersa ya en la guerra civil española, había sido bombardeada[171].

Comoquiera que del cuarto y último viaje de Benjamin, el que en 1940 tuvo como destino final Portbou, me ocuparé de manera extensa en otro capítulo de esta obra, eludiré aquí cualquier comentario sobre su condición.

---

165. Carta a Gretel Karplus, julio de 1933, en Benjamin, 2008a: 233; Valero, 2001: 125-126.
166. Valero, 2001: 158.
167. Valero, 2001: 97.
168. Valero, 2001: 92.
169. Carta a Gretel Karplus, 15 de abril de 1933, en Benjamin, 2008a: 147.
170. Valero, 2001: 95.
171. Eiland y Jennings, 2014: 535.

2. Varios son los autores españoles por los que Benjamin se interesó en diversos momentos. Mencionaré al respecto, sin ningún afán de ser exhaustivo, los nombres de Cervantes, Calderón de la Barca, Loyola, Gracián y, en suma, Ortega y Gasset. En la biblioteca de Benjamin, muy interesado por el teatro clásico, se hallaban traducciones alemanas de obras de Calderón —*La adoración de la cruz*, *El príncipe constante*, *El mayor monstruo los celos*, *Los cabellos de Absalón*, *La vida es sueño*, *La gran Cenobia*—, Cervantes —*Rinconete y Cortadillo* y otros textos, el *Quijote*— y Loyola —*Ejercicios espirituales*—[172]. En 1916 Benjamin había realizado en Múnich, por otra parte, un curso sobre la cultura mexicana y la religión de mayas y aztecas; a su amparo tuvo la oportunidad de interesarse por los trabajos de Bernardino de Sahagún. Scholem agrega que poco después, en Berlín, en la mesa de trabajo de Benjamin había un ejemplar del diccionario azteca-español de Molinos[173]. Parece, por lo demás, que en la época de la segunda estancia en Ibiza, en 1933, Benjamin sopesó escribir un ensayo sobre Gracián[174]. Si en el mismo año 1933 regaló a Gretel Karplus una edición alemana de las obras de este último[175], también obsequió a Brecht con un ejemplar de la versión germana de *Agudeza y arte de ingenio*[176]. En un terreno diferente, el de la pintura, y al margen de la ya citada admiración por la obra de Valdés Leal, Benjamin se sintió tempranamente atraído por el Greco: "El que mejor ha pintado el *pathos*", afirmó en una carta dirigida a Carla Seligson en junio de 1913[177].

3. La relación de Benjamin, en fin, con la guerra civil española parece ajustarse a un patrón que ya he invocado: el del alejamiento con respecto a cualquier implicación militant, lo cual no suponía en modo alguno una despreocupación por lo que el

---

172. Benjamin, 2000a: 143 y ss.
173. Scholem, 2014: 73.
174. Carta a Kitty Marx-Steinschneider, 1 de mayo de 1933, en Benjamin, 2008a: 167.
175. Benjamin, 2008a: 53.
176. Eiland y Jennings, 2014: 535.
177. Benjamin, 1994: 27.

conflicto bélico acarreaba[178]. Recordemos que en una carta a Karl Thieme redactada en marzo de 1938 Benjamin afirma lo que sigue: "En el caso de Austria, no menos que en el de España, me resulta espantoso que el martirio se sufre, no en nombre de una causa individual, sino más bien en el de un compromiso sugerido: si la valiosa cultura étnica austriaca se ve comprometida por una industria desacreditada y por los negocios gubernamentales, el pensamiento revolucionario en España se ve lastrado por el maquiavelismo del liderazgo ruso y por la codicia de los dirigentes locales"[179]. Aunque es cierto que Benjamin publicó en el *Zeitschrift* una crítica de un trabajo sobre la guerra civil española realizado por Gaston Fessard, un nacionalista católico[180], y que le interesaron *Les grands cimetières sous la lune* (*Los grandes cementerios bajo la luna*), de Bernanos, y el testamento español de Koestler[181], no parece que le gustase, en cambio, *L'espoir* (*La esperanza*), la novela de Malraux sobre la guerra civil. Tampoco hay huellas visibles de un interés preciso de Benjamin por la república ni —y esto no puede dejar de sorprender— por las diferentes manifestaciones del anarquismo español, por el que por lógica debía sentir alguna espontánea simpatía.

---

178. Tackels, 2013: 514.
179. Carta a Karl Thieme, marzo de 1938, en Benjamin, 1994: 553.
180. Eiland y Jennings, 2014: 584.
181. Eiland y Jennings, 2014: 587.

II. EL EXILIO: UN MUNDO QUE SE APAGA (1933-1940)

> "Sigo leyendo a Bennett, y reconozco en él cada vez más a un hombre cuya actitud no solo es realmente similar a la mía, sino que además sirve para reforzarla: un hombre, en realidad, en el que una absoluta falta de ilusiones y una desconfianza radical respecto al curso del mundo no conducen ni al fanatismo moral ni a la amargura, sino a la configuración de un arte de la vida extremadamente astuto, inteligente y refinado que lleva a sacar de su propio infortunio oportunidades y de su propia vileza algunos de los comportamientos decentes que competen a la vida humana".
>
> WALTER BENJAMIN

Walter Benjamin abandonó Alemania el 17 de marzo de 1933, no tanto por la represión que se adivinaba —tiempo tendría de prestarle atención— como por la dificultad, inmediata, de trabajar y publicar[1]. Nunca regresó a su país natal. Los años anteriores a 1933 fueron acaso la mejor etapa de la vida de Benjamin. Arpaia los resume así: "Formaba parte del círculo de Brecht, trabajaba en la radio nacional y publicaba en las dos revistas literarias más importantes"[2].

El objetivo principal de este capítulo es calibrar los elementos, varios, de deterioro de la vida de Benjamin, sin ningún propósito paralelo de trazar un relato cronológico de lo ocurrido entre 1933 y 1940. Entre esos elementos se contaron las débiles relaciones con el exilio alemán, la dificultad para integrarse en los circuitos intelectuales franceses, las trabas que hubo de padecer en lo que se refiere a la publicación de sus escritos, los reducidos ingresos con los que Benjamin tuvo que lidiar, las enfermedades que lo acosaron, los problemas que atenazaron a sus familiares directos o, en fin, una vida amorosa

---

1. Witte, 2002: 175.
2. Arpaia, 2003: 26.

que fue declinando paulatinamente. Todos esos factores se dispararon cuando el fantasma, primero, de la guerra y la realidad, después, de esta última obligaron a nuestro autor a iniciar una dramática peregrinación. Bueno es que recuerde que hablo de unos años que tuvieron la ciudad de París como centro. Ya no era, ciertamente, el París que Benjamin había visitado tantas veces, como turista más o menos adinerado y con amigos acogedores, con anterioridad: era el París de un exiliado. El París, bien es verdad, y en sentido contrario, en el que se concentraba la materia prima de la obra que obsesionaba a Benjamin: el *Libro de los pasajes*. Pero incluso ese París acabó por hacérsele una ciudad difícil, como lo señala en una carta enviada a Scholem en 1937[3].

Acabo de mencionar que, por sorprendente que parezca, la razón inicial que invitó a Benjamin a dejar Alemania fue fundamentalmente económica. "El terror como respuesta frente a toda conducta o forma de expresión que no se ajuste totalmente a la oficial ha llegado a límites casi insuperables. Bajo estas circunstancias, la máxima prudencia en cuestiones políticas, que siempre he practicado por buenas razones, puede proteger, cierto es, a los afectados frente a la persecución sistemática, pero no frente a la muerte por inanición", le escribió a Scholem el 20 de marzo de 1933[4]. A tono con esta declaración, y según el propio Scholem, Kitty Marx-Steinschneider afirmó que, en los últimos días de su vida en Alemania, Benjamin exhibía un manifiesto autocontrol, muy lejos del pánico que afectaba a otros[5].

Es común, por lo demás, que se aduzca que no parece que Benjamin esperase que el nazismo fuese a terminar pronto y no parece tampoco, de resultas, que mantuviese la esperanza de regresar pronto a Alemania. Sin embargo, en algún momento, y en la interpretación de Palmier, depositó alguna confianza en las convocatorias de huelgas en su país y aguardó —tal cosa

---

3. Eiland y Jennings, 2014: 556.
4. Carta a Gershom Scholem, 20 de marzo de 1933, en Benjamin, 2008a: 136.
5. Eiland y Jennings, 2014: 393.

sucedió en febrero de 1935— algún tipo de evolución política del régimen de Hitler[6]. Adorno, por su parte, sugirió que Benjamin conservaba alguna fe en que la inteligencia y la astucia acabarían con un poder que no concedía al espíritu autonomía alguna[7]. No está de más que subraye, con la misma vocación, que en una carta de noviembre de 1939 Benjamin señaló que no había duda de que Hitler acabaría derrotado, aun cuando agregase que importaba, y cabe suponer que mucho, que su final no fuese también el de otros muchos hombres[8]. Ya en plena guerra mundial pareció como si algunas noticias reavivasen, siquiera momentáneamente, la esperanza de Benjamin. En una carta —siempre las cartas— dirigida a Juliane Favez y fechada el 22 de abril de 1940 enunció su confianza en que el ataque alemán sobre Noruega acabase por debilitar a Hitler[9]. Cierto es que, de por medio, otros acontecimientos contribuían a difuminar cualquier espasmo de optimismo. Baste con mencionar, en lo que hace a los últimos años de vida de Benjamin, los procesos de Moscú y la purgas en la URSS, la anexión alemana de Austria, la invasión de los Sudetes por la *Wehrmacht* o el propio pacto germanosoviético.

EL EXILIO ALEMÁN
Y LOS CIRCUITOS CULTURALES FRANCESES

Pronto se fue difuminando la relación material de Benjamin con Alemania, y ello pese a que es cierto que con posterioridad a 1933 el rechazo a la publicación de sus textos en su país natal no fue inmediato. En principio tanto el *Vossische Zeitung* como el *Frankfurter Zeitung* —este hasta 1935— siguieron incluyendo sus trabajos[10]. No hay constancia, por otra parte, de que ninguno

---

6. Palmier, 2010: 443.
7. Adorno, 2007: 47.
8. Carta a Gershom Scholem, 25 de noviembre 1939, en Benjamin, 2000b: 358.
9. Carta a Juliane Favez, 22 de abril de 1940, en Benjamin, 2014a: 166.
10. Witte, 2002: 176.

de los libros de Benjamin estuviese en el Índice de Literatura Dañina e Indeseable elaborado por los nazis. No olvidemos que la obra de nuestro autor había tenido un eco limitado y que, casi siempre, remitía a materias de crítica literaria que no eran las que suscitaban las mayores iras del régimen nacionalsocialista. Es significativo, de cualquier modo, que en 1936 Benjamin tuviese que editar en Suiza, y con nombre falso, su libro, ya mencionado, *Alemanes*, un "trabajo de orfebre literario", según Joachim Günther[11]. A partir de 1933 —tengámoslo presente— Benjamin se había visto obligado a emplear seudónimos varios: Detlef Holz, K.A. Stempflinger, C. Conrad[12]. Recordemos, en suma, que en julio de 1939, y a instancias de la Gestapo[13], Benjamin perdió la nacionalidad alemana de resultas de la publicación de un texto en *Das Wort*, una revista editada en Moscú[14]. Esta circunstancia hizo más imperiosa la demanda de nacionalizarse francés, posibilidad a la que no ayudó precisamente el hecho de que Francia y Alemania entrasen formalmente en guerra en septiembre del mismo año.

Por lo demás, las relaciones de Benjamin con el exilio alemán en Francia fueron escasas, cuando no conflictivas. En 1934, en una carta a Scholem, Benjamin confesó su aislamiento, y ello aun cuando parezca claro que la decisión de apenas relacionarse con los exiliados alemanes le correspondió exclusivamente a él, que en cierto sentido gustaba del anonimato que ofrecía una gran ciudad como París[15]. "Evito ver alemanes. Prefiero hablar con franceses que, sin duda, no pueden o no quieren hacer gran cosa, pero, al menos, presentan la inmensa virtud de no contarte su infortunio", escribió[16]. Esta actitud, afirma Tackels, le valió a Benjamin una fama de hombre sin carácter (*charakterlos*) que en algún caso, y al parecer, alimentó incluso

---
11. Brodersen, 1997: 225, 229 y 232.
12. Allen, 2000: 13.
13. Brodersen, 1997: 242.
14. Rudel, 2006: 183.
15. Monnoyer, 2011: 15.
16. Monnoyer, 2011: 15.

la sospecha de que era un agente nazi[17]. "La vida entre los exiliados es insoportable, la vida en la soledad no es soportable y crear una vida entre los franceses no es factible. Solo queda el trabajo", agregó en otro momento[18], para apostillar que "los emigrados son peores que los boches"[19]. No se olvide que muchas de las gentes que llegaban de Alemania, y que en otras circunstancias habrían sido recibidas con los brazos abiertos, eran portadoras de relatos de miserias y sufrimientos que por fuerza no resultaban muy gratos[20]. Fuera de discusión está que a Benjamin no le ayudaba la liviandad, por hablar eufemísticamente, de su compromiso político. Tal y como lo subraya Tilla Rudel, se alejó de Heinrich Mann, quien representaba al grupo intelectual de oposición al nazismo, pero también se mantuvo apartado de Asja Lacis, que era el polo de atracción moscovita. Con toda evidencia no pasó por su cabeza alistarse, como lo hizo Arthur Koestler, en las brigadas internacionales para pelear en España[21]. Este alejamiento de toda vida militante a buen seguro acentuó la marginación de Benjamin, quien no participó ni en el Congreso en Defensa de la Cultura de 1935, ni en el *Volksfront* alemán de París, ni en los numerosos mítines organizados por intelectuales franceses a menudo próximos al Partido Comunista[22].

Algo de lo que acabo de señalar tengo que refrendarlo de la mano de la certificación de que no soplaron mejores vientos para Benjamin en el medio cultural local. Hay que dar por descontado que le resultaron muy dolorosas las dificultades de integración en la sociedad francesa, y ello por mucho que —recuerda Hannah Arendt— estuviese preparado para ello[23]. Con certeza, y por lo pronto, tuvo oportunidades sobradas de

---

17. Tackels, 2013: 414-415.
18. Cit. en Scheurmann, 1994a: 116.
19. Cit. en Rudel, 2006: 163. El adjetivo *boche* describe despectivamente, en *argot* francés, de forma general, a los alemanes. Puede considerarse sinónimo de "cabeza cuadrada".
20. Eiland y Jennings, 2014: 627.
21. Rudel, 2006: 172.
22. Palmier, 2010: 429.
23. Arendt, 2014: 46.

toparse con el antisemitismo que marcaba poderosamente la vida en todos los órdenes y que alcanzaba a muchos de los propios ámbitos de la izquierda. Los intentos de prosperar en el mundo cultural se saldaron comúnmente con fracasos. Así, ni Julien Green ni André Gide lo mencionaron en sus diarios, pese a lo que Benjamin había hecho para difundir sus obras en Alemania[24]. Tampoco disfrutó de posibilidades de colaboración activa con las revistas francesas. Pero era al tiempo, en palabras de Gisèle Freund, "demasiado orgulloso para pedir ayuda y explicar su situación material, casi desesperada"[25]. Entre las pocas reacciones de Benjamin ante semejante orden de cosas despuntaron algunas estratagemas curiosas, como la de solicitar a Horkheimer que aceptase que el propio Benjamin firmase con seudónimo una crítica de un libro de Roger Caillois que entendía podía dañar su relación con este último[26]. Para que nada faltase, en fin, depositó estériles esperanzas en la solicitud de la nacionalidad francesa, en el buen entendido de que el proceso correspondiente resultó enormemente trabajoso y le robó a menudo las pocas fuerzas que tenía, como adujo en una carta dirigida a Adorno el 27 de marzo de 1938[27]. Subrayemos que, de resultas, Benjamin en ningún momento dejó de ser un refugiado, circunstancia singularmente dura para quien había hecho de Francia un modelo en tantos terrenos.

No olvidemos, para ir cerrando este círculo de relaciones sociales e intelectuales desvaídas, que Benjamin con toda evidencia se vio alejado de muchos de sus amigos y también, y casi siempre, de sus familiares directos: Scholem estaba en Jerusalén; Asja Lacis en Moscú —pasó al cabo muchos años en un gulag en Kazajstán[28]—; Alfred Cohn en Barcelona; Ernst Bloch en Praga; su hijo Stefan, durante un tiempo, en Viena; la exmujer, Dora, en San Remo; el hermano Georg en delicada

---

24. Monnoyer, 2011: 10.
25. Freund, 2011: 466.
26. Eiland y Jennings, 2014: 621-622.
27. Adorno y Benjamin, 2006: 277.
28. Rudel, 2006: 199.

situación en Alemania; Julia Cohn, también en Alemania con su marido; Franz Hessel en Berlín; Adorno en Londres... Únicamente le quedaba el consuelo de la correspondencia, apuesta a la que dedicó, como hemos podido comprobar, muchas de sus energías[29]. Cabe suponer que, solo —o casi— en París, echaba de menos, en particular, las conversaciones que gustaba de mantener en Berlín con amigos y conocidos[30].

Por si poco fuese todo lo anterior, en suma, a Benjamin le faltaban sus libros o, al menos, muchos de ellos. Pierre Missac ha anotado que "la historia del Benjamin bibliófilo asume la forma de un progresivo y patético despojo"[31]. La colección de libros para niños, que tanto apreciaba Walter, quedó en manos de su exesposa Dora, quien la trasladó primero a San Remo y, después, a Londres (tras el fallecimiento de Dora en 1964 la heredó su hijo Stefan y a continuación la esposa de este, Janet; los volúmenes se encuentran hoy en una biblioteca en Frankfurt)[32]. Cierto es que Benjamin consiguió sacar de Alemania, y llevarla a la casa de Brecht en Dinamarca, la parte más importante de su biblioteca berlinesa. La presencia de esos libros en la casa de Brecht a buen seguro que fue un estímulo para la realización de los tres viajes que Benjamin hizo a Dinamarca en la década de 1930. De hecho, cuando, en 1938, dispuso de un domicilio razonablemente fijo en París y consiguió se le remitiesen sus libros, Brecht concluyó que era posible que no volviese a pisar Dinamarca[33]. Las gestiones postreras de Benjamin para recuperar lo que quedaba de su biblioteca en la casa de Berlín, realizadas por Helen Hessel, no condujeron, sin embargo, a buen puerto[34]. Tampoco pudo recuperar muebles y manuscritos que se hallaban en esa casa[35]. Por lo que se refiere al destino final de muchos de los materiales de Benjamin, sabido es que

---

29. Rudel, 2006: 171.
30. Brodersen, 1997: 224.
31. Allen, 2000: 9.
32. Allen, 2000: 10 y 27-28.
33. Allen, 2000: 11.
34. Eiland y Jennings, 2014: 621.
35. Eiland y Jennings, 2014: 625.

la Gestapo confiscó los documentos que guardaba en su apartamento de la calle Dombasle parisina y los trasladó al castillo de Althorn, en la Baja Silesia, en noviembre de 1943. La colección fue descubierta por el ejército soviético en 1945 y enviada a Moscú. A mediados de la década de 1960 fue transferida a lo que entonces era la República Democrática Alemana y hoy esos materiales —o la mayoría de ellos, toda vez que algunos quedaron en Rusia— se conservan junto con los archivos de Adorno en Frankfurt[36]. El llamado fondo 595, que acoge las posesiones de Benjamin, no incluye ningún manuscrito; en él hay cuarenta archivadores con periódicos, libros y fragmentos[37]. A todo ello conviene agregar los documentos que Benjamin entregó a Georges Bataille y que este consiguió esconder en la Biblioteca Nacional en París; una parte del fondo ofrecido a Bataille fue descubierta, en la propia biblioteca y en fecha tan tardía como 1981, por Giorgio Agamben[38]. Hay que mencionar también, por añadidura, algunos libros propiedad de Benjamin que le fueron remitidos a Adorno[39], junto con dos carteras y manuscritos: Dora, la hermana de Walter, los había entregado a Martin Domke, un amigo de este[40].

DIFICULTADES PARA PUBLICAR

En los años del exilio Benjamin se topó con enormes problemas para publicar los textos que iba produciendo. No solo eso: para ganarse la vida hubo de trabajar en materias que con certeza no tenían, a sus ojos, un interés manifiesto. Por detrás lo que despuntó fue la conciencia, cada vez más asentada, de que había perdido terreno en términos de imagen pública: "El número de aquellos a los ojos de los cuales mi trabajo puede justificar mi

---

36. Allen, 2000: 29; Rudel, 2006: 201.
37. Allen, 2000: 29.
38. Rudel, 2006: 202.
39. Allen, 2000: 29-30.
40. Rudel, 2006: 201; Eiland y Jennings, 2014: 667.

identidad se ha reducido mucho con la emigración", señaló en una carta a Horkheimer[41]. Las únicas excepciones al respecto, aunque relativas, fueron acaso el ensayo sobre la obra de arte en la era de la reproductibilidad técnica[42], que al final, y sin embargo, no fue traducido, como Benjamin preveía, al inglés[43] —lo sería, claro, años después de la muerte de su autor—, y *Alemanes*, que al parecer, y en primera instancia, se vendió bien —no olvidemos que estaba firmado con seudónimo— para más adelante, y ya con la segunda edición, ser retirado por el Ministerio de Propaganda nazi[44]. Qué pocos lectores, de resultas, debían tener los textos de Benjamin, a quien ni siquiera se le ahorró, en estos años, una acusación de plagio[45].

La única publicación en la que Benjamin pudo incluir sus escritos con cierta periodicidad durante los años del exilio fue el *Zeitschrift für Sozialforschung* que editaba el Instituto de Investigación Social fundado en 1922 y con sedes en Suiza y Estados Unidos (en adelante hablaré sin más del "Instituto")[46]. Más allá de la consideración de la personalidad autoritaria y del Estado correspondiente, del fascismo y del antisemitismo, el Instituto rehuía, con todo, las materias de actualidad[47], algo que, al menos a primera vista, no debía ser un problema para Benjamin, también alejado, en sus escritos públicos, de esas materias. Y, sin embargo, los desencuentros entre los responsables del Instituto y Benjamin estuvieron a la orden del día. Recuérdense, por ejemplo, las críticas realizadas, por Adorno o por Horkheimer, a trabajos significados de Benjamin como los relativos a Kafka[48], a Baudelaire[49] o —acabo de mencionar este texto— a la obra de arte en la época de la reproductibilidad técnica[50]. Este

---

41. Cit. en Tackels, 2013: 477.
42. Eiland y Jennings, 2014: 522.
43. Eiland y Jennings, 2014: 554.
44. Eiland y Jennings, 2014: 537.
45. Eiland y Jennings, 2014: 664.
46. Brodersen, 1997: 215.
47. Palmier, 2010: 421.
48. Tackels, 2013: 449.
49. Palmier, 2010: 368; Tackels, 2013: 570.
50. Tackels, 2013: 484.

último trabajo experimentó muchos cambios que hicieron que se alejase significativamente de la matriz brechtiana inicial en provecho de los criterios que defendía el Instituto[51]. Si Horkheimer no dudó en señalar a Benjamin que sus textos eran poco comprensibles y en ellos no faltaba terminología superflua[52] —Scholem volvió en alguna ocasión sobre el mismo argumento[53]—, el tono de las quejas de Adorno resultaba a menudo paternalista y conmiserativo. En la trastienda se hacía evidente que a Benjamin le asaltaban dudas sobre la amistad de Adorno —las cartas de este llegaban con cuentagotas—, a lo que se sumaba, sin duda, y ahora al margen del Instituto y de sus tramas, el alejamiento de Scholem, quien no veía clara la deriva ideológica de Benjamin y sabía de los defectos de este último. De resultas, a nuestro hombre no le quedó más remedio que aceptar, claro que a regañadientes, las sugerencias de mejora de sus textos que llegaban del Instituto, tanto más cuanto que los ingresos procedentes de este eran casi los únicos que obtenía. Por detrás se revelaba, del lado de Benjamin, la necesidad acuciante de congraciarse con quienes le reprochaban unas u otras deficiencias en sus trabajos, al amparo de una situación tensa y triste. La dependencia con respecto al Instituto fue un fardo delicado para Benjamin, quien con certeza se sintió obligado a autocensurarse, algo que probablemente hacía más dolorosas las críticas que sus textos suscitaban. Lo anterior no obliga a rebajar un ápice, sin embargo, la ayuda que el Instituto desarrolló en relación con el desempeño de Benjamin, vital para que el trabajo de este, pese a todos los obstáculos, saliese adelante. Así las cosas, es aconsejable guardar las distancias con respecto a un criterio, hoy muy extendido, que invita a ponerse sin cautelas del lado de Benjamin frente a la conducta, intelectual y material, de Adorno y Horkheimer. A buen seguro que las circunstancias que rodearon las relaciones correspondientes fueron complejas y obligan a asumir un ejercicio de prudencia.

---

51. Tackels, 2013: 484 y 490-491.
52. Tackels, 2013: 511.
53. Eiland y Jennings, 2014: 428.

Si otorgamos un relieve singular a los vínculos de Benjamin con el Instituto, ello se debe en buena medida a que en otros lugares las puertas se le fueron cerrando. Mientras en Alemania —y como ya sabemos— al poco de llegar Hitler al poder los escritos de Benjamin desaparecieron de los periódicos, el panorama no resultó ser más halagüeño en Francia, en donde apenas si consiguió colocar algún texto en la *NRF* y en el diario comunista *Monde*[54]. Las conferencias que en su momento se le encargaron, sobre Kraus, Brecht, Kafka y Bloch, al cabo no pudieron celebrarse[55]. Aunque, para intentar abrirse camino, Benjamin redactó en francés, en 1935, su texto sobre Bachofen, el esfuerzo recibió como premio una severa y admonitoria carta de Jean Paulhan que le reprochaba su pobre dominio de la lengua[56]. Ese ensayo sobre Bachofen fue remitido después al *Mercure de France*, que se inclinó también por no publicarlo. Tampoco la revista *Monde*, que acabo de mencionar, incluyó en sus páginas el trabajo sobre Hausmann[57].

Las cosas no le fueron mejor a Benjamin en Moscú, en donde la revista *Internationale Literatur* rechazó la publicación de sus textos por estimar que eran extraños e incomprensibles[58]. Si bien otra revista moscovita, *Das Wort*, publicó en 1933 la primera parte de unas cartas de París de Benjamin, la colaboración se interrumpió en los años sucesivos[59]. Aunque, en otro terreno, a finales de la década de 1930 pudo colocar algunos artículos y textos de su *Infancia en Berlín hacia 1900* en la revista *Mass und Wert*, que dirigía Thomas Mann[60], ni siquiera en el mundo de las publicaciones judías los hechos se desarrollaron como Benjamin esperaba. Así lo certifica el hecho de que el *Jüdische Rundschau* solo incluyese en sus páginas extractos del trabajo sobre Kafka que le había sido remitido[61].

---

54. Cit. en Tackels, 2013: 477.
55. Rudel, 2006: 164.
56. Rudel, 2006: 164; Tackels, 2013: 453.
57. Palmier, 2010: 430.
58. Brodersen, 1997: 223.
59. Witte, 2002: 178.
60. Witte, 2002: 177.
61. Witte, 2002: 178-179.

En semejante escenario a duras penas sorprenderá que Benjamin se agarrase a opiniones ajenas que diesen cuenta de la valía de su trabajo. Se mostró, por ejemplo, muy agradecido a Hermann Hesse por las gestiones orientadas a facilitar la publicación de *Infancia en Berlín hacia 1900*[62]. En carta de agosto de 1936 subrayó a Horkheimer, por otra parte, que Malraux había mostrado un gran interés por su texto sobre la obra de arte en la era de la reproductibilidad técnica[63]. Ese mismo año decidió solicitar a Brecht cartas de recomendación[64]. En 1939, y por rescatar otro dato, se sintió obligado a preguntar si, en su autobiografía, Martin Gumpert lo mencionaba[65].

El carácter nada halagüeño, por razones varias, de las relaciones de Benjamin con unas u otras publicaciones tuvo una consecuencia esperable: nuestro hombre se vio obligado a escribir —ya lo he señalado— textos sobre materias dispares que lo alejaban del despliegue de obras más compactas como las que, probablemente, hubiera preferido desarrollar[66]. Parece fuera de discusión que el trabajo que por encima de todo atraía a Benjamin, el único que daba sentido a su vida, era el relativo al *Libro de los pasajes*. En una carta a Adorno habla de este proyecto como "la verdadera, si no la única, razón para no perder fuerza en la lucha por la vida"[67]. El propio Adorno asevera que en el exilio Benjamin aceptó muchos riesgos por amor a la que entendía su obra mayor[68]. En una carta de diciembre de 1939 el propio Benjamin asevera que a sus ojos nada en el mundo podría reemplazar a la Biblioteca Nacional de París[69]. Recordemos, en fin, que si es cierto que Benjamin aceptó determinados encargos del Instituto en virtud de razones estrictamente económicas, no está de más subrayar que alguno de los trabajos indeseados que se le encomendaron acabó por adquirir vida propia

---

62. Eiland y Jennings, 2014: 438.
63. Benjamin, 1994: 529; Palmier, 2010: 429.
64. Wizisla, 2009: 52.
65. Carta a Gretel Karplus, 14 de diciembre de 1939, en Benjamin, 2014a: 87.
66. Brodersen, 1997: 213.
67. Cit. en Tackels, 2013: 467.
68. Adorno, 2007: 61.
69. Carta a Max Horkheimer, 15 de diciembre de 1939, en Benjamin, 2014a: 92.

y por resultar estimulante a los ojos de su autor. Tal fue lo que ocurrió en particular, según Palmier, con el texto sobre Fuchs[70].

LOS PROBLEMAS ECONÓMICOS

En el terreno estrictamente económico, el escenario previo al exilio fue cualquier cosa menos halagüeño para Benjamin: "Ciertamente no es fácil encontrarse en los umbrales de los cuarenta sin bienes ni posición, sin apartamento ni patrimonio", le escribió a Scholem[71]. En la gestación de esa situación se habían dado cita la ruina de la economía paterna y los avatares vinculados con un divorcio costoso. Como contrapartida, se abría camino el horizonte de una mayor libertad y de lo que se antojaba —las cosas no fueron luego tan sencillas— la posibilidad de dedicarse por entero a la tarea de escribir[72]. Aun con todo, y como ya he sugerido, los años inmediatamente anteriores al ascenso de Hitler al poder, los que mediaron entre 1929 y 1933, constituyeron un momento razonablemente feliz para Benjamin, quien pudo entregarse a la tarea que, acaso, más ambicionaba: la de convertirse en un crítico literario de primer orden[73].

Los problemas se multiplicaron, de cualquier modo, cuando Benjamin se vio obligado a abandonar Alemania. Ello fue así aunque al poco empezó a ingresar cien francos suizos mensuales de la delegación ginebrina del Instituto[74]. No se olvide que durante un tiempo, y por añadidura, cobró un alquiler por la casa que había dejado en Berlín y, además, obtuvo algunos ingresos de resultas de la publicación de artículos[75], en el buen entendido de que, en relación con estos, se vio a menudo obligado a aceptar por ellos sumas irrisorias[76]. Consta que procuró llamar

---

70. Palmier, 2010: 415.
71. Cit. en Witte, 2002: 127.
72. Witte, 2002: 127.
73. Witte, 2002: 131.
74. Adorno y Benjamin, 2006: 34.
75. Eiland y Jennings, 2014: 484.
76. Eiland y Jennings, 2014: 458.

a diversas puertas, siempre con nulo o muy escaso éxito[77]. Intentó, por ejemplo, obtener el apoyo económico de instituciones judías, con resultados más bien desalentadores: "A pesar de una prometedora correspondencia con las altas finanzas judías, no he recogido hasta hoy ni un céntimo, ni un colchón, ni un trozo de leña"[78]. No le faltaron, bien es cierto, pequeñas ayudas de amigos, como las que en su momento le proporcionó Gretel Karplus[79]. Claro es que en los años del exilio hubo momentos mejores y peores. La etapa 1935-1937 fue, en particular, relativamente estable, gracias ante todo a los ingresos que a Benjamin le proporcionaba el Instituto[80]. Aun así, que la situación económica se fue deteriorando con el paso del tiempo acaso lo ilustra el hecho de que en febrero de 1939, poco antes del inicio del calvario final, Horkheimer le escribió desde Nueva York para señalarle que el Instituto arrastraba problemas financieros graves, de tal suerte que "en un tiempo bastante próximo, y aun teniendo la mejor voluntad del mundo", no estaría en condiciones de prolongar el contrato de investigación[81]. En su respuesta Benjamin no pudo ocultar la fuerte impresión que el anuncio le produjo, tanto más cuanto que de por medio se hallaba el rechazo que había merecido su texto sobre Baudelaire[82]. Fue poco después cuando solicitó de Scholem que le buscase un medio de subsistencia en Palestina: "Lo que en los años anteriores me mantuvo la cabeza fuera del agua era la esperanza de ser recibido en el Instituto, algún día, tal vez de una manera medianamente humana. Entiendo por esto entre otras cosas un mínimo de 2.400 francos para atender a mis necesidades. Si cayera aún más bajo a la larga difícilmente podría soportarlo. Pues los encantos que el mundo circundante ejerce sobre mí son demasiado débiles y las primicias de la posteridad demasiado inciertas"[83].

---

77. Eiland y Jennings, 2014: 446.
78. Cit. en Witte, 2002: 177.
79. Adorno y Benjamin, 2006: 34.
80. Eiland y Jennings, 2014: 483.
81. Cit. en Witte, 2002: 220.
82. Palmier, 2010: 420.
83. Cit. en Witte, 2002: 220.

Y es que las quejas de Benjamin fueron, en el ámbito económico, constantes. "Del mismo modo que los grandes físicos no descansan y no paran hasta poder dividir las moléculas en átomos, así me pasa con el mínimo que necesito para sobrevivir: no dejo de esforzarme por imaginar, no sin éxito, hasta cuánto puedo reducirlo", escribió en 1933[84]. En octubre de 1935 le dice a Horkheimer lo que sigue: "He conseguido, además, tener derecho a una comida gratis a mediodía, de las que proporcionan a los intelectuales franceses. Pero, en primer lugar, ese derecho se me ha concedido provisionalmente y, en segundo lugar, solo puedo hacer uso de él los días que no paso en la biblioteca, pues el local está muy lejos de esta"[85]. En enero de 1940, por rescatar una última queja, le confiesa a Gretel Karplus que la calefacción de su apartamento es tan liviana que no le permite escribir cuando hace frío, por lo que permanece en la cama la mitad de la jornada[86]. En estas condiciones a duras penas sorprenderá que Benjamin barajase la posibilidad, y en su caso la hiciese realidad, de deshacerse de unos u otros bienes. Vendió, así, la colección de autógrafos que, cabe suponer, había heredado del padre[87], y otro tanto hizo con la de monedas[88] y con algunos libros[89]. Sopesó seriamente, por otra parte, la conveniencia de vender el "Angelus novus", el cuadro de Klee del que era propietario, para sufragar el viaje a Estados Unidos. Aunque, si nos guiamos por lo que Benjamin señaló en una carta dirigida a Stephan Lackner en fecha tan tardía como el 5 de mayo de 1940, ni veía con claridad que la perspectiva de abandonar Europa estuviese próxima ni deseaba deshacerse del cuadro de Klee[90].

Otro indicador de los problemas de Benjamin lo aportaron sus constantes cambios de domicilio en París: nada menos que

---

84. Carta a Thankmar von Münchhausen, 14 de mayo de 1933, en Benjamin, 2008a: 174.
85. Benjamin, 1994: 509.
86. Saletti, 2010a: 99.
87. Witte, 2002: 176.
88. Eiland y Jennings, 2014: 396.
89. Eiland y Jennings, 2014: 460.
90. Carta a Stephan Lackner, 5 de mayo de 1940, en Benjamin, 2014a: 179.

18 entre 1934 y 1939[91]. Pese a que vivir junto a su hermana Dora —lo hizo durante algún tiempo— a buen seguro que mitigó la penuria, se vio obligado a residir, subarrendado, en humildes pisos de inmigrantes, en cuartos cedidos durante breves períodos y en modestos hoteles, y ello por mucho que sea verdad que en enero de 1938 encontró un apartamento razonablemente decente en la calle Dombasle[92]. Esa casa permitió acrecentar, siquiera episódicamente, la alicaída vida social de Benjamin, tarea en la que desempeñaron también su papel los vínculos con el colegio de sociología creado por Georges Bataille, Michel Leiris y Roger Caillois[93]. La incapacidad de encontrar un domicilio duradero se volvió, al parecer, en contra de Benjamin cuando tuvo que pelear para conseguir un visado de entrada en Estados Unidos[94]. No se olvide que las dificultades para hacerse con un apartamento saludable algo tuvieron que ver, por lo demás, con la imposibilidad de reunir de forma satisfactoria lo que quedaba de la biblioteca de Benjamin[95]. Y téngase presente, en suma, que en más de un sentido, y pese a las apariencias, las estancias en Ibiza, San Remo y Dinamarca tenían una subterránea dimensión económica, en la medida en que la vida era en esos lugares más barata y en su caso Benjamin se beneficiaba de la acogida de familiares como Dora, la exmujer, y amigos como Brecht.

Es obligado subrayar, con todo, que la situación económica de Benjamin ha levantado más de una polémica. Frente a la imagen que nuestro hombre arrastraba en la segunda visita a Ibiza —al parecer era conocido como *es miserable* (el miserable)[96]—, que acaso era la misma que guió al propietario de una de las casas que Benjamin había arrendado en París cuando canceló el contrato correspondiente porque había encontrado un inquilino "más aceptable"[97], no faltan las dudas con respecto al

---
91. Rudel, 2006: 168.
92. Palmier, 2010: 427-428.
93. Tackels, 2013: 527-528.
94. Monnoyer, 2011: 12.
95. Tackels, 2013: 477.
96. Valero, 2001: 97.
97. Eiland y Jennings, 2014: 570.

hecho de que fuese realmente pobre. Cabe entender que, pese a las muchas quejas de Benjamin en lo que hace a la penuria económica que padecía, su situación era mejor que la de muchos exiliados alemanes y, también, que la de muchos de los franceses de las clases preteridas. No solo eso: algunos datos invitan a concluir que la conducta de nuestro autor fue en ocasiones dispendiosa. Ya he señalado que en más de un momento Scholem se mostró receloso a la hora de ayudar económicamente a su amigo. A buen seguro que al respecto pesaron la afición de este por el juego y, también, el recuerdo de la suma que Benjamin había recibido, allá por 1928, para facilitar el aprendizaje del hebreo, una suma en los hechos gastada en otros menesteres[98]. Conviene recordar que el propio Scholem, que había insistido a menudo, sin éxito, en la conveniencia de que Benjamin se trasladase a Palestina, nada hizo para facilitar el viaje correspondiente cuando, con Benjamin ya en el exilio, este, presionado por las circunstancias, sopesó seriamente, acaso por vez primera en su vida, la realización de ese viaje[99]. Nada de lo que acabo de anotar invita a concluir que la situación económica de Benjamin era preferible a la que tuvo que encarar en los mismos años, y por proponer un ejemplo, Horkheimer, quien, pese a las estrecheces que marcaban el derrotero del Instituto, pudo desarrollar una vida cómoda y holgada que nada tuvo que ver, con certeza, con la de Benjamin[100].

LOS VIAJES

Permítaseme que vuelva sobre una materia que me ha ocupado episódicamente: la relativa a la dimensión económica que exhibieron los viajes, o la mayoría de ellos, realizados por Benjamin. Recordemos antes que la etapa anterior, y en particular los años que mediaron entre 1925 y 1930, fue singularmente

---

98. Witte, 2002: 125.
99. Witte, 2002: 128.
100. Tackels, 2013: 480.

viajera[101]. El propio Benjamin levantó una clara distinción dentro de la época de entreguerras: la que separa un antes y un después de 1933. "Durante el primer período descubrí, en el curso de viajes bastante largos, Italia, los países escandinavos, Rusia y España"[102]. Cierto es que, pese a lo sugerido, en términos de desplazamientos no le fueron mucho a la zaga los siete últimos años de vida de Benjamin: en su transcurso este último viajó una vez a Ibiza, tres a Dinamarca (junio de 1934, agosto de 1936 y junio de 1938) y acaso seis a San Remo, en Italia (noviembre de 1934, septiembre y, de nuevo, noviembre de 1936, verano y diciembre de 1937, enero de 1938), además de haber visitado otras partes de Italia —Venecia y Rávena a finales de 1936— y de haber realizado algunos desplazamientos por Francia —así, a Pontigny en mayo de 1939 o a las cercanías de Meaux en la parte final del verano del mismo año—[103]. Parece que en estos años finales quebró el esquema que, antes, había permitido que Benjamin, mal que bien, identificase amores y ciudades. Mientras Dora se relacionaba con Múnich, Asja con Nápoles, Riga y Moscú, Jula con Heidelberg y Berlín[104], y, de manera postrera, Ten Cate con Ibiza, el vínculo en cuestión se fue difuminando.

Ya he tenido la oportunidad de subrayar que varios de esos viajes, a diferencia de los realizados antes de 1933, se vieron marcados más por la necesidad que por el placer. "Hay lugares en los que puedo ganar un mínimo y otros en los que puedo vivir con un mínimo, pero ninguno en el que esas dos condiciones se reúnan"[105]. Si —ya lo he señalado— en San Remo se benefició de la pensión que regentaba Dora, su exmujer, en Dinamarca aprovechó la hospitalidad de Brecht. Bien es verdad que en el primer caso, en San Remo, se sentía incómodo, alejado de bibliotecas y documentos, y tal vez por eso, y en alguna ocasión,

---

101. Hetmann, 2004: 159.
102. Benjamin, 2011a: 44.
103. Scheurmann, 1994a: 83; Saletti, 2010a: 98; Weissweiler, 2021: 312. Los desplazamientos y las fechas no coinciden puntillosamente en estas tres fuentes.
104. Lacoste, 2005: 23.
105. Cit. en Tackels, 2013: 388.

aprovechó el tiempo para acercarse a Mónaco o a Niza[106]. Por lo que respecta al segundo, en 1934, y en Dinamarca, confesó que lo más básico le faltaba para asumir las tareas cotidianas[107]. Benjamin no dejó de remarcar lo barata que le resultaba la vida en Ibiza y de señalar que la ciudad de Dinamarca en la que residía Brecht no era más cara que la propia Ibiza[108]. Parece, por lo demás, que procuró economizar recursos monetarios en los viajes. Recuerda, por ejemplo, cómo en el desplazamiento de Alemania a Ibiza en 1932, a través de Barcelona, se sirvió de un barco en el que adquirió un billete de tercera clase[109].

Abramos un último apartado para referirnos a los viajes frustrados de Benjamin en los años del exilio. Dos de ellos merecen una atención menor. Me refiero a los que debían tener por destino Londres, en donde desde 1939 residían Dora y el hijo Stefan, y Moscú, requerido por Asja Lacis. A esos dos conviene agregar algunos proyectos más o menos vagos vinculados con Estados Unidos —en 1934-1935 habría sopesado la posibilidad de un viaje a ese país, bien para trasladarse a vivir allí, bien para asumir una estancia larga dedicada a tareas de investigación[110]—, Ibiza —una eventual visita en 1936 se habría visto frustrada por la guerra civil española[111]—, Barcelona —donde vivía su amigo Cohn; el viaje se habría visto cancelado también por la guerra civil— y Suecia —rechazó una invitación para viajar en 1939[112]—. Como ya sabemos, los dos destinos que más atención suscitaron en Benjamin, de manera imperiosa en los últimos momentos de su vida, fueron Palestina y, una vez más, Estados Unidos. En relación con este último, el horizonte de emigrar empezó a abrirse camino en la cabeza de Benjamin de resultas de un doble peligro: el vinculado con la guerra y el relativo al creciente antisemitismo

---

106. Rudel, 2006: 166.
107. Tackels, 2013: 438.
108. Lacoste, 2005: 209.
109. Lacoste, 2005: 191.
110. Scheurmann, 1994a: 111.
111. Saletti, 2010a: 94.
112. Tackels, 2013: 590.

que apreciaba en Francia[113]. Cierto es que a Benjamin siempre le asaltaron dudas —ya lo he indicado— en lo que hace a ese viaje. Muchas veces se ha recordado que cuando, en enero de 1938, vio por última vez a Gretel Karplus y Theodor Adorno, ante el consejo de marchar a América, Benjamin respondió: "En Europa hay posiciones que defender"[114].

LAS ENFERMEDADES

Significativo parece que en 1927, con 35 años de edad, Benjamin percibiese ya en sí mismo síntomas de envejecimiento. Su diario de una excursión, en ese año, a lo largo del Loira se iniciaba así: "La soledad, ese tormento bien conocido que me invade particularmente cuando estoy de viaje, adquiere por vez primera los rasgos del envejecimiento"[115]. La década siguiente, la del exilio, se vio marcada por un permanente esfuerzo encaminado, no siempre con éxito, a escapar de la depresión[116] y a hacer otro tanto con las violentas migrañas que lo acosaban[117]. Benjamin confesó en repetidas ocasiones —véanse, por ejemplo, las cartas que escribió a Adorno el 10 de junio de 1935 y el 4 del mismo mes de 1936— que el agotamiento lo atenazaba y que arrastraba un pésimo estado de ánimo[118]. No olvidemos que, por añadidura, nuestro hombre era un fumador empedernido, un vicio que no le resultaba precisamente barato[119].

Gisèle Freund afirma que en los últimos años de su vida Benjamin se desplazaba lentamente y tenía problemas para subir escaleras[120]. Durante su reclusión en el campo de Nevers hubo algún momento en que no consiguió mantenerse en

---
113. Eiland y Jennings, 2014: 633.
114. Saletti, 2010a: 94.
115. Benjamin, 2011a: 158.
116. Eiland y Jennings, 2014: 435.
117. Adorno y Benjamin, 2006: 103.
118. Adorno y Benjamin, 2006: 111 y 159.
119. Tackels, 2013: 478.
120. Tackels, 2013: 502.

pie, de tanto como le dolían los riñones[121]. Las dos horas que hubo de caminar hasta el campo fueron, al parecer, muy duras[122]. Tengamos presente que, en paralelo, y en la década de 1930, Benjamin había engordado sensiblemente. Compárense las fotos tomadas en Saint-Paul de Vence —en ellas está mucho más delgado— en 1931 con la realizada en el puerto de Ibiza en 1933: Benjamin a todas luces ha engordado. La cabeza es ahora más gruesa, el rostro más amplio y el bigote más espeso[123]. No hay mejor testimonio al respecto que el de las palabras de Scholem, quien describe su reencuentro con el amigo luego de 11 años sin verse: "Sus formas eran más anchas, se vestía algo más negligentemente y su bigote se había hecho bastante más tupido"[124]. Pero no está de más invocar tampoco la célebre foto de Pontigny, de 1938, o la realizada en Skovbostrand, en Dinamarca, el mismo año. Al Benjamin de esta segunda foto lo describe así Susan Sontag: "Un viejo de 46 años con camisa blanca, pantalón con una cadena de reloj, un cuerpo fláccido y graso, una mirada truculenta dirigida hacia el aparato"[125]. Y eso que en las fotografías de los últimos años lo común es apreciar un Benjamin indeleblemente marcado por la tristeza y la melancolía.

En una carta escrita a Gretel Karplus en enero de 1940, a más de confesar que tiene grandes problemas para caminar y se ve obligado a detenerse, en plena calle, cada tres o cuatro minutos, le comunica que el médico le ha diagnosticado una miocarditis[126]. Tres meses después, en abril, le señala a Horkheimer: "Mi debilidad física ha aumentado en una proporción inquietante. Hay días en los que después de haber dado cien pasos por la calle me pongo a sudar y no puedo más. Una insuficiencia cardiaca, que acarrea hipertensión, está en la base de esta deficiencia"[127]. Sabemos que en ese mismo mes de abril a

---

121. Carta a Juliane Favez, 8 de octubre de 1939, en Benjamin, 2014a: 43.
122. Eiland y Jennings, 2014: 649.
123. Rudel, 2006: 172.
124. Scholem, 2014: 309.
125. Cit. en Rudel, 2006: 179.
126. Rudel, 2006: 189.
127. Carta a Max Horkheimer, 6 de abril de 1940, en Benjamin, 2014a: 162-163.

Benjamin se le diagnosticó una hipertrofia cardiaca, junto con taquicardia e hipertensión. Antes no habían faltado los problemas a la hora de conseguir el dinero necesario para pagar un electrocardiograma[128], en buena medida solventados gracias a una ayuda del Instituto[129].

LA VIDA AMOROSA

Aunque la afirmación bien puede ser exagerada —algunos retazos de la correspondencia de Benjamin invitan a mantener la cautela—, lo suyo es concluir que la vida amorosa de Benjamin terminó casi al mismo tiempo que se iniciaba el exilio. Recordemos, en lo que respecta a los que se antojan últimos escarceos de esa vida, que en 1932, y en Ibiza, Benjamin realizó un repentino ofrecimiento de matrimonio, que fue rechazado, a Olga Parem[130], y que en agosto de 1933, de nuevo en Ibiza, cobró cuerpo una relación con Toet Blaupot ten Cate, de treinta años, más que probable destinataria de esa declaración de amor codificada que es el "Agesilaus Santander"[131]. Con posterioridad intentó mantener, sin éxito, la relación con Ten Cate en París. Cierto es que Benjamin rechazó lo que se antojaba una propuesta de Asja Lacis, en 1935, para reanudar sus relaciones de una década antes[132].

Si se trata de rescatar alguna información que dé cuenta de los vínculos de Benjamin con las mujeres en los últimos años de vida del primero, hay que referirse, en lugar central, al flirteo discreto, y fundamentalmente epistolar, que mantuvo con Gretel Karplus, la esposa de Adorno, convertida, en las palabras de Tackels, en una mezcla de "confidente, partera, mecenas discreta y eficaz, intermediaria con Alemania, proveedora de

---
128. Tackels, 2013: 608.
129. Eiland y Jennings, 2014: 663.
130. Valero, 2001: 81.
131. Bayart, 2011: 11; Benjamin, 2011a: 341 y ss.
132. Tackels, 2013: 471.

libros preciosos, colchón diplomático con su marido"[133]. Eiland y Jennings recuerdan que, llamativamente, una parte de la correspondencia, muy frecuente, entre Karplus y Benjamin le era ocultada a Adorno[134], al tiempo que subrayan que no era evidente que a este último le complaciese la posibilidad de tener cerca a Benjamin en Estados Unidos[135]. Bruno Arpaia, por su parte, se refiere a la presencia de cuatro mujeres —acaso habría que agregar el nombre de Hannah Arendt, principal interlocutora en materia de filosofía y política en los últimos años parisinos— en la vida del Benjamin de esta etapa: Helen Hessel, Adrienne Monnier, Gisèle Freund y Sylvia Beach. "Cuatro mujeres que lo apreciaban y cuidaban de él, fascinadas por su cortesía y su fragilidad"[136]…, pero ninguna relación amorosa de por medio. Ya he sugerido, con todo, que nada puede afirmarse a ciencia cierta en lo que respecta a la vida amorosa del Benjamin postrero. Recuérdese, por ejemplo, que en enero de 1940 dirigió a Hélène Léger —no ha podido determinarse quién era— una carta de contenido plausiblemente amoroso[137].

LA FAMILIA

Terminemos nuestro recorrido por las desventuras que rodearon el exilio de Benjamin con una consideración de lo que ocurrió con las relaciones familiares de este. Y empecémosla con el recordatorio de las malas noticias que a Benjamin le llegaron en lo que respecta al destino de su hermano Georg[138]. Este, médico especialista en medicina social y de higiene, y militante del Partido Comunista alemán, fue detenido y maltratado por las SA en abril de 1933; según los rumores iniciales de los que se hizo eco Benjamin en una carta a Scholem, luego desmentidos,

---
133. Tackels, 2013: 462.
134. Eiland y Jennings, 2014: 415-415.
135. Eiland y Jennings, 2014: 633.
136. Arpaia, 2003: 128.
137. Carta a Hélène Léger, enero de 1940, en Benjamin, 2014a: 114-115.
138. Benjamin, 1977.

había perdido un ojo[139]. Permaneció encarcelado hasta diciembre. Detenido de nuevo en 1936[140], fue asesinado en Mauthausen seis años después[141]. Salta a la vista, de cualquier modo, que, como probablemente era inevitable, la comunicación de Benjamin con esta parte de la familia fue muy precaria. Bastará con recordar que en una carta enviada por Georg a su esposa Hilde en junio de 1941 le pregunta a esta si sabe algo de Walter[142]. La propia Hilde —nacida en 1908, ministra de Justicia de la República Democrática Alemana entre 1953 y 1967, fallecida en 1989— señaló que solo tuvo conocimiento de la muerte de Walter en 1945[143].

Tampoco eran halagüeñas las noticias que se vinculaban con Dora, la hermana de Walter, con la que este último convivió algún tiempo —razonablemente feliz, parece— en París[144]. Según Benjamin, a los 35 años de edad a Dora se le diagnosticó una "arterioesclerosis hereditaria"; en carta a Adorno del 9 de diciembre de 1938 Benjamin señaló que su hermana a duras penas penas estaba en condiciones de valerse económicamente[145]. Sin poder trabajar y, al cabo, sin poder moverse, en mayo de 1940 fue internada en el campo de Gurs, cerca de Lourdes, para más adelante encontrar refugio en Suiza, en donde falleció, con 45 años de edad, en 1946[146]. A efectos de medir la tragedia familiar no está de más que anote que de los tres hermanos solo Dora sobrevivió, cierto que por muy poco, a la segunda guerra mundial. Esto aparte, únicamente Hilde, la viuda de Georg, y su hijo Michael se hallaban en Alemania cuando Hitler fue derrotado[147].

Lo suyo es que nos interesemos también aquí por la relación, casi siempre desde la distancia, entre Walter, por un lado,

---

139. Benjamin, 1977: 191; Benjamin, 2011d: 117.
140. Heye, 2014: 27.
141. Benjamin, 1977, ilustración 63; Lacoste, 2005: 288.
142. Benjamin, 1977: 273.
143. Benjamin, 1977: 228; Heye, 2014: 38.
144. Rudel, 2006: 168.
145. Adorno y Benjamin, 2006: 337.
146. Saletti, 2010a: 97.
147. Heye, 2014: 7.

y su exesposa Dora, y el hijo de ambos, Stefan, por el otro. Lo primero que conviene subrayar al respecto es que la relación de Benjamin con Dora mejoró luego del divorcio de ambos[148]. Como ya sabemos, en el verano de 1934 Dora pasó a residir en San Remo, en Italia, en donde al principio trabajó en la cocina de un hotel[149] —no le hacía ascos, como Walter, a este tipo de empleos— y más adelante regentó una pensión. Dora se casó en 1938 con un hombre de negocios sudafricano, al amparo de lo que comúnmente se entiende que fue un matrimonio de conveniencia para facilitar la entrada en el Reino Unido[150]. Estrechamente ligada con la relación que me ocupa estuvo, por razones obvias, la que Benjamin mantuvo con su hijo Stefan. Señalemos al efecto que Walter mostró desde fecha muy temprana el deseo de que Stefan abandonase cuanto antes Alemania, algo a lo que era más bien reticente la madre[151]. Intentó, ya en 1933, que marchase a Palestina[152]. En julio de 1935 Stefan pasó a residir en Viena, a donde regresó tras una breve estancia en San Remo. Aunque al respecto nada puede afirmarse de manera rotunda, la vida vienesa de Stefan fue más bien disipada, algo que ilustraría el hecho de que, de forma más precisa, el hijo heredase la afición del padre por el juego[153]. Aun así, y según Eiland y Jennings, los problemas de Stefan remitieron en 1937[154]. Consiguió superar los exámenes de entrada en la universidad en Viena, al tiempo que, y por lo que parece, coqueteaba con la unión fascista local[155]. Lo que correspondía hacer con Stefan fue, en cualquier caso, una fuente de discrepancias entre Dora y Walter: mientras este reprochaba a Dora haber asumido unilateralmente decisiones delicadas, la madre entendía que

---

148. Eiland y Jennings, 2014: 467.
149. Eiland y Jennings, 2014: 468.
150. Eiland y Jennings, 2014: 655. Con su marido legal, y hasta su muerte, Dora Kellner vivió mayormente de la gestión de negocios hoteleros; véase Weissweiler, 2021: 327.
151. Benjamin, 2011d: 118.
152. Eiland y Jennings, 2014: 395.
153. Eiland y Jennings, 2014: 544.
154. Una foto del hijo de Benjamin, probablemente de 1937, se reproduce en VV.AA., 1990: 154.
155. Eiland y Jennings, 2014: 544.

Walter apenas se implicaba en la resolución de los problemas de su hijo[156]. Tackels recuerda que la relación de Stefan con sus padres pasó por malos momentos, cuando, por ejemplo, y en 1936, los problemas psicológicos del hijo se hicieron valer en la forma de un rechazo radical de las figuras de sus progenitores[157]. Siempre según Tackels, Benjamin quedó desamparado, y mudo, ante el sufrimiento de su hijo[158]. De nuevo en San Remo en la primavera de 1938 —Dora intentaba alejarlo de los casinos vieneses—, a principios del año siguiente madre e hijo abandonaron Italia, presionados por las nuevas leyes antisemitas. Tras pasar Dora seis semanas en París, recaló en Londres. En 1941 Stefan fue deportado a Australia como *enemy alien* —ciudadano de un país con el que se está en guerra—, para regresar después a Inglaterra y convertirse, con el paso del tiempo, en librero[159]. Falleció en la capital británica en 1972 y dejó cuatro hijas, nietas de Walter Benjamin[160]. Tras la muerte de Stefan se perdió, por cierto, el rastro de la correspondencia, o de buena parte de ella, mantenida por sus padres[161]. No es fácil determinar —concluyo— la actitud y los sentimientos de Benjamin en relación con su hijo. Parece como si, por un lado, se hubiese preocupado, ciertamente, por él, hasta llegar en algún momento a la angustia, al mismo tiempo que, y por el otro, contemplaba los hechos con cierta distancia.

EL PRIMER PEREGRINAJE: NEVERS

El 3 de septiembre de 1939, diez días después de la firma del pacto germanosoviético, Francia entró en guerra —una guerra sin frente ni combates hasta la primavera siguiente— con Alemania. Aunque los partidos políticos no fueron prohibidos

---

156. Eiland y Jennings, 2014: 545.
157. Tackels, 2013: 516.
158. Tackels, 2013: 517.
159. Saletti, 2010a: 96-97.
160. Weissweiler, 2021: 327.
161. Rudel, 2006: 200.

hasta agosto de 1941, con el régimen de Vichy[162], muchas libertades individuales fueron suspendidas[163]. Un decreto-ley de 18 de noviembre de 1939 permitió, por ejemplo, que en adelante los prefectos pudiesen asignar residencia a los "individuos peligrosos para la defensa nacional", y ello por mucho que se señalase una y otra vez que se trataba de una norma de carácter excepcional vinculada con la guerra[164].

En ese mismo mes de septiembre de 1939 las autoridades francesas decidieron que todos los alemanes, austriacos, húngaros, checos y eslovacos residentes en Francia y con edades comprendidas entre los 17 y los 50 años deberían quedar internados en campos[165]. Curiosamente la mayoría de ellos eran opositores el régimen de Hitler. Benjamin, aunque formalmente un apátrida en aquel momento, se vio obligado a presentarse en el campo de Yves-du-Manoir, en Colombes, un estadio cercano a París. Estuvo allí una decena de días para a continuación ser conducido, desde la estación de Austerlitz, al campo del castillo de Vernuche, en Nevers[166]. Su estancia en este campo se caracterizó, al menos desde cierto punto de vista, por el despliegue de una inusitada vitalidad: Benjamin dedicó parte de su tiempo a dar clases de filosofía a sus compañeros de infortunio y planeó, también, la edición de una revista que, ciertamente, nunca vio la luz[167]. Bien es verdad que las condiciones de vida eran duras: al parecer, Benjamin durmió nueve noches sobre paja mojada, en un lugar sin mesas, sin sillas y sin camas, tuvo que emplear, para lavarse, una lata de conservas y se sirvió de un tonel como letrina[168]. Palmier apunta que en la correspondencia de Benjamin no hay, sin embargo, quejas por todo lo anterior: solo resignación[169] y algún lamento por la

---
162. Cointet, 2003: 123.
163. Cointet, 2003: 122.
164. Kaspi, 1997: 134.
165. Brodersen, 1997: 244.
166. Eiland y Jennings, 2014: 647-649.
167. Saletti, 2010a: 247 y 245.
168. Palmier, 2010: 463 y 464.
169. Palmier, 2010: 464.

ausencia de noticias que diesen cuenta de lo que sucedía con su hermana y con los amigos[170]. A mediados de noviembre de 1939 Benjamin fue liberado, luego de las presiones ejercidas por su amiga Adrienne Monnier y por el Pen-Club[171]. Que era consciente de que el panorama se le cerraba lo ilustra el hecho de que, al regresar a París, pusiese manos a la obra en el estudio del inglés: Estados Unidos se antojaba la única salida.

PARÍS, LOURDES, MARSELLA

Medio año después de la salida del campo de Nevers, Benjamin tuvo que hacer frente a un escenario mucho más delicado: el derivado de la agresión militar alemana contra Francia y, al poco, el provocado por la aproximación de la *Wehrmacht* a París. El 10 de mayo de 1940 el ejército alemán lanzó una ofensiva en el frente del oeste. En la noche del 13 al 14 del mismo mes penetró en territorio francés[172] y un mes después, el 14 de junio, los alemanes estaban en París, para dos días después cruzar el Loira.

El 16 de junio Pétain formó un nuevo gobierno en Burdeos. Dos días más tarde se emitía por la BBC el primer discurso de De Gaulle[173]. El 29 del mismo mes el nuevo gobierno francés se instaló en Vichy[174]. Francia quedaba dividida en dos zonas —la más septentrional, controlada directamente por Alemania, y la más meridional, la "Francia de Vichy"—, de tal suerte que la presencia germana solo se hizo valer en la segunda a partir de noviembre de 1942. El 25 de junio el armisticio entró en vigor y Pétain se dirigió a los franceses para exigir que acabasen los combates[175]. El 10 de julio, y de resultas de una amplia mayoría parlamentaria, surgió el "Estado francés"[176], encargado de

---

170. Carta a Gretel Karplus, septiembre de 1939, en Benjamin, 2014a: 39.
171. Saletti, 2010b: 150.
172. Rousso, 2006: 20.
173. Rousso, 2006: 182.
174. Rousso, 2006: 182.
175. Cointet, 2003: 103-104.
176. VV.AA., 1998: 41.

garantizar "los derechos del trabajo, de la familia y de la patria"[177]. Doce días después una ley permitía revisar todas las naturalizaciones, acaso medio millón, posteriores a 1927. La aplicación precisa de esa ley tuvo a menudo un manifiesto carácter antijudío[178]; a su amparo, y en cualquier caso, 6.000 judíos perdieron la nacionalidad francesa[179]. El 27 de agosto Vichy abolió, por otra parte, la llamada ley Marchandeau, que castigaba, en la prensa, todo ataque "hacia un grupo de personas que pertenezcan por su origen a una raza o a una religión determinada, cuando tenga por fin incitar el odio entre ciudadanos o habitantes"[180]. Desde el 3 de septiembre los comunistas, por el mero hecho de serlo, podían ser detenidos. La prensa del Partido Comunista, que había sido disuelto en septiembre de 1939, era objeto de una franca represión y muchos cuadros de aquel habían sido encarcelados o veían limitados sus movimientos[181]. En el propio mes de septiembre fue disuelto también el principal sindicato: la CGT[182]. Si el 27 del mismo mes —el mismo día en que se firmaba el pacto tripartito ultimado por Alemania, Italia y Japón[183]— el ocupante alemán ordenó un censo de los judíos presentes en la zona ocupada, el 3 de octubre Vichy aprobó una nueva ley sobre los judíos que introducía un *numerus clausus* en las profesiones liberales y prohibía a aquellos asumir cargos de relieve en ámbitos profesionales como los del periodismo, el teatro, la radio o el cine[184], así como en determinados servicios públicos y en algunas instancias militares[185]; de resultas, muchos judíos quedaron sin empleo. El día siguiente otra ley autorizó a internar en campos "especiales" a los "súbditos extranjeros de raza judía"[186]. El 18 del mismo mes, en fin,

---

177. Bonet, 1992: 49.
178. Cointet, 2003: 130-131.
179. Marrus y Paxton, 1981: 8.
180. Marrus y Paxton, 1981: 17-18.
181. Rousso, 2006: 182; Cointet, 2003: 131.
182. Barrère, 2005: 24.
183. Hauner, 2008: 157.
184. Cointet, 2003: 131.
185. Marrus y Paxton, 1981: 17.
186. VV.AA., 1998: 66.

se ordenó, de nuevo en la zona ocupada por Alemania, una *arianización* de los bienes judíos[187].

No está claro el conocimiento que Benjamin pudo tener de muchas de las medidas mencionadas. Tampoco está claro si era consciente de cómo, en los que al cabo fueron los tres últimos meses de su vida, el mundo se le cerraba y el peligro se acrecentaba. Resulta evidente, en cualquier caso, que el viaje a Estados Unidos pasaba de forma inequívoca por su cabeza. "La absoluta incertidumbre sobre lo que me traerá el próximo día, la próxima hora, domina desde hace muchas semanas mi existencia", escribió a Adorno el 2 de agosto, no sin agregar: "Me veo condenado a leer cada periódico como un mensaje destinado a mi persona y a identificar en cada emisión radiofónica la voz del mensajero de desventuras"[188]. En un escenario marcado por la desinformación, por la dificultad de saber qué ocurría con los allegados, por problemas obvios para conseguir alimentos en un mercado negro que encarecía sensiblemente el precio de estos —en abril de 1940 ya se había quejado del hecho de que, pese a que sus ingresos habían crecido, la inflación tenía un efecto, mayor, de sentido contrario, a lo que se sumaban los gastos derivados del tratamiento médico al que se estaba sometiendo[189]— y, en fin, por el riesgo de padecer un control policial, era inevitable que Benjamin, como tantos otros, quedase a merced de los rumores y arrastrase un conocimiento precario de la realidad. Dejemos constancia de la dificultad de las comunicaciones y subrayemos que, si no estoy equivocado, el último contacto epistolar de Benjamin y Brecht se produjo en agosto de 1939, más de un año antes de la muerte del primero. De por medio, y por añadidura, la copia de las "Tesis sobre el concepto de historia" que Benjamin remitió a Brecht en 1940 no pareció llegar nunca a su destino[190].

Las cosas como fueren, con el ejército alemán a las puertas de París, Benjamin abandonó la capital francesa, tomó un

---
187. Cointet, 2003: 133.
188. Saletti, 2010a: 100.
189. Carta a Max Horkheimer, 6 de abril de 1940, en Benjamin, 2014a: 163.
190. Wizisla, 2009: 65.

tren y llegó a Lourdes, en el sur del país, el 15 de junio, no sin antes dejar una parte de sus manuscritos —ya lo sabemos— en manos de Georges Bataille, quien los escondió en la Biblioteca Nacional. No se olvide que en esos días varios millones de personas se vieron obligadas a dejar sus hogares[191]. Aunque, tras la agresión militar germana, las autoridades francesas habían decretado, como el año anterior, que los ciudadanos alemanes —pese a ser en su mayoría antifascistas— debían ser internados en campos, la medida no afectó a Benjamin, y eso que estaba en el grupo de edad de los afectados, gracias a la intervención de algunos amigos[192]. Sí afectó, en cambio, a su hermana Dora y a Hannah Arendt, quienes fueron internadas en Gurs, cerca de Lourdes[193].

En esta primera etapa de su peregrinaje Benjamin poco más llevaba que una máscara de gas y los objetos de aseo, junto con las memorias del cardenal de Retz[194]. La elección de Lourdes, en donde permaneció dos meses, como destino no había sido casual: Benjamin sabía que allí estaba —acabo de señalarlo— su hermana Dora, quien había podido dejar atrás, como Hannah Arendt, el campo de internamiento[195]. Por lo que parece, Lourdes no desagradó a Benjamin. En carta a Adrienne Monnier de mediados de junio celebraba haber encontrado una habitación barata y se alegraba de la acogida dispensada tanto por las autoridades locales como por los ciudadanos de a pie[196]. En esas semanas leyó a La Rochefoucauld, hizo otro tanto con *Le rouge et le noir* (*El rojo y el negro*) de Stendhal y se acercó, también, al último tomo de *Les Thibault* (*Los Thibault*), de Roger Martin du Gard[197]. No olvidemos, con todo, que en 1939 y 1940 cabe suponer que le hincó el diente a lecturas menos sesudas, como un volumen de historias inglesas de fantasmas, una novela, en

---
191. Bonet, 1992: 46.
192. Brodersen, 1997: 251; Benjamin, 2014a: 201.
193. Saletti, 2010b: 151-152.
194. Rudel, 2006: 191.
195. Tackels, 2013: 632.
196. Carta a Adrienne Monnier, mediados de junio de 1940, en Benjamin, 2014a: 210.
197. Allen, 2000: 25.

francés, de Earl Derr Biggers o *Les inconnus dans la maison* (*Los desconocidos en casa*) de Simenon[198].

Parece fuera de discusión, por lo demás, que buena parte del tiempo de Benjamin en Lourdes se vinculó con el designio de conseguir un visado que le permitiese viajar a Estados Unidos. Fracasaron al respecto las gestiones realizadas en el consulado norteamericano en Burdeos y, también, las encaminadas a que un diplomático, Carl Jacob Burckhardt, consiguiese un permiso de estancia en Suiza[199] que permitiese a Benjamin esperar un visado de tránsito hacia Portugal o hacia un país no europeo[200]. En más de un sentido Benjamin era víctima, una vez más, de su escaso sentido práctico. Su decisión, al parecer ahora firme, de abandonar Europa se asentó en un momento en el que la consecución de la documentación preceptiva era singularmente difícil[201]. Piénsese que en 1940 el número de visados emitidos por Estados Unidos resultó ser el más bajo de los registrados en las dos décadas precedentes[202]. Hay motivos para pensar, por otra parte, que a Benjamin no se le escapaba que las cosas bien podían terminar pronto. En su última carta a Adorno, de 2 de agosto de 1940, anotó: "El tiempo del que disponemos podría ser mucho más limitado de lo que suponemos"[203].

La promesa de hacerse acreedor de un visado norteamericano, que al cabo le llegó gracias a las gestiones del Instituto, y el temor a un posible internamiento hicieron que el 16 de agosto Benjamin abandonase Lourdes para dirigirse a Marsella. Lo hizo en compañía del médico y psicoanalista Fritz Fränkel[204], mientras Dora, la hermana, quedaba en Lourdes, en donde al parecer permaneció hasta agosto de 1941[205]. El 16 de julio de 1940 Adorno le había sugerido a Benjamin que aceptase

---

198. Benjamin, 2000a: 211-212.
199. Saletti, 2010b: 152.
200. Carta a Carl Jacob Burckhardt, 25 de julio de 1940, en VV.AA., 1990: 305.
201. Scheurmann, 1994a: 99.
202. Scheurmann, 1994a: 102.
203. Cit. en Palmier, 2010: 420.
204. Saletti, 2010b: 152.
205. Heye, 2014: 66.

en el consulado norteamericano en Marsella el visado que le ofreciesen: "de cuota", "fuera de cuota" o "turístico". Y había agregado que sopesaban posibilidades alternativas a las de un viaje a Estados Unidos, como las vinculadas con eventuales plazas de profesor en Cuba o en la República Dominicana[206]. Antes, y por lógica, Benjamin había pujado por conseguir un visado "sin cuota" que, relacionado con alguna actividad académica, le permitiría esquivar los cinco o seis años de espera que aguardaban a menudo a quienes debían recibir un visado "de cuota"[207]. Conviene tener en cuenta que la obtención de los documentos requeridos era trabajosa y que había que acopiar muchos papeles. Aunque no era particularmente difícil conseguir los visados de tránsito español y portugués —el español se obtenía presentando el pasaporte y el visado portugués, y este último se conseguía bajo el compromiso de que el solicitante no permanecería en Portugal—, cuando el solicitante en cuestión disponía de un visado estadounidense el camino quedaba relativamente allanado, en el buen entendido de que podía echarse mano también de visados chinos o tailandeses[208]. Pervive aún hoy, en cualquier caso, la polémica sobre si los integrantes del Instituto hicieron todo lo que estaba de su mano para ayudar a Benjamin en la tarea de abandonar Europa[209].

Aunque, en efecto, Benjamin consiguió el visado de ingreso en Estados Unidos, un visado "fuera de cuota"[210], y los de tránsito por España y Portugal, no por ello dejó de confesar su desesperación ante la lentitud de los trámites burocráticos. El 17 de septiembre le señaló a Alfred Cohn, en carta redactada en Marsella, que pese a que desde un mes antes disponía del visado de entrada en Estados Unidos, ello no le había servido de gran cosa[211]. Tal vez esto que ahora me ocupa estuvo en el origen de un intento de fuga en barco en compañía de Fränkel. Comoquiera que no parecían

---

206. Adorno y Benjamin, 2006: 386.
207. Carta a Gretel Karplus, 17 de enero de 1940, en Benjamin, 2014a: 107.
208. Fry, 2008: 20.
209. Mayer, 1992: 72.
210. Eiland y Jennings, 2014: 671.
211. Carta a Alfred Cohn, 17 de septiembre de 1940, en Benjamin, 2014a: 232.

precisamente dos marineros curtidos, la operación quedó rápidamente desactivada[212]. "Eran quizás los marineros más veteranos y menos hábiles de la historia del comercio marítimo", apostillan Eiland y Jennings[213]. Al margen de lo anterior, conviene anotar que los visados de entrada en Estados Unidos tenían una validez limitada, con lo que era fácil que, en medio de unas y otras gestiones, caducasen[214]. La vida en la Marsella de aquellos meses ha quedado fidedignamente retratada en una novela, *Tránsito*, de Anna Seghers[215]. Convengamos en que, pese a todo, el control sobre los extranjeros parecía ser menor, y ello por mucho que fuese cierto que estos debían disponer de un salvoconducto librado por las autoridades militares[216].

De lo que Benjamin hizo en Marsella durante algo más de un mes tenemos algún conocimiento merced a los encuentros que mantuvo con Hannah Arendt, Stéphane Hessel y Arthur Koestler. Sabemos que a la primera le entregó una copia de las "Tesis sobre el concepto de historia"[217] que a la postre llegó a Nueva York por conducto, al parecer, del primer marido de Arendt[218]. Stéphane, el hijo de Franz Hessel, describió a Benjamin como un hombre "enfadado, furioso consigo mismo, con el ceño siempre fruncido"[219]. Hessel lo vio manifiestamente abatido, lo que no impedía que en determinados momentos estallase en ataques de cólera[220]. Ante la afirmación de Hessel en el sentido de que la libertad acabaría por triunfar, la respuesta de Benjamin fue la siguiente: "Ciertamente, pero no es ese el problema. Estamos en el momento más bajo de la democracia en la historia. Francia cree en Pétain. La guerra está por todas partes. Alemania vence en todos los frentes. Gran Bretaña no será capaz de oponerse en solitario. ¿Qué

---

212. Fittko, 2015: 141-142.
213. Eiland y Jennings, 2014: 671.
214. Kaspi, 1997: 147-148.
215. Seghers, 2005. Véase también Sauvage, 2001; Sullivan, 2006.
216. Fry, 2008: 21.
217. Saletti, 2010b: 156.
218. Rudel, 2006: 200.
219. Cit. en Rudel, 2006: 192.
220. Tackels, 2013: 635.

esperanza puedo albergar de hacer que mis ideas sean conocidas? Incluso amigos como Horkheimer y Adorno, que me ayudan a huir, no parecen necesitar mis reflexiones"[221]. Por lo que respecta, en fin, a Koestler, el testimonio de este señala que Benjamin le entregó la mitad de las 62 pastillas de morfina que poseía, "para el caso de que..."; según el propio Koestler, Benjamin las había conseguido en Berlín durante la semana que siguió al incendio del *Reichstag*[222]. Es verdad que en las sucesivas versiones del *Scum of the Earth* (*Escoria de la tierra*) de Koestler —que apenas incluye, no lo olvidemos, sino una rapidísima mención a Benjamin[223]— se recogen datos diferentes en lo que respecta a la sustancia empleada —un sedante, morfina—, al número de pastillas[224] y a la capacidad letal de estas[225]. Por cierto que en una de esas versiones Koestler, sin que podamos adivinar cuál es la fuente de la información que maneja, afirma que Benjamin ingirió en Portbou la mitad de las pastillas que le quedaban[226].

Con todos los documentos en regla, exceptuado el visado francés de salida, que le faltaba, Benjamin abandonó Marsella para dirigirse al Rosellón. Lo hizo probablemente el lunes 23 de septiembre de 1940 en un tren que lo condujo hasta Perpinyà (Perpiñán). Viajaba en compañía de Henny Gurland y del hijo de esta, Joseph[227], a quienes al parecer había conocido, en Marsella, en las semanas anteriores.

---

221. Cit. en Tackels, 2013: 635.
222. Koestler, 2006: 244.
223. No creo que haya equívoco con respecto al libro mencionado y que los comentarios de Koestler sobre Benjamin se incluyan también en otra obra de su autoría.
224. Scheurmann, 1994b: 288.
225. Scheurmann, 1994b: 288.
226. Scheurmann, 1994b: 288.
227. Saletti, 2010a: 101.

III. LA MUERTE: PORTBOU

> "Oigo que has levantado la mano contra ti mismo, anticipándote al verdugo. Ocho años proscrito, observando el ascenso del enemigo, empujado finalmente contra una frontera infranqueable, has franqueado, se dice, una que sí que era franqueable".
>
> BERTOLT BRECHT

Apenas sabemos nada, a ciencia cierta, de lo que ocurrió en los últimos días de la vida de Walter Benjamin. Lo único que podemos dar por seguro es que, bien entrado el mes de septiembre de 1940, y deseoso de alcanzar el puerto de Lisboa para trasladarse a Estados Unidos, salió de Banyuls, un pueblo en la costa del Rosellón, cruzó clandestinamente la frontera francoespañola por el monte, a escasos kilómetros del mar, llegó a Portbou, del lado español de esa frontera, y falleció al cabo de unas horas en ese pequeño pueblo costero, para ser enterrado en la parte católica del cementerio local. Más allá de estos hechos generales, todos, o casi todos, los detalles de esta peripecia, y en singular los relativos a cómo murió Benjamin, están sometidos a controversias.

No olvidemos al respecto de lo anterior que los testimonios personales de los que disfrutamos no pueden ser, de nuevo, sino una fuente de disputas. Lisa Fittko, la principal testigo del viaje desde Banyuls a Portbou, describió los hechos, de manera tan singular como polémica, tal y como los recordaba varias décadas después[1]. La señora Gurland, por su parte, relató lo ocurrido en una carta dirigida desde Lisboa a Arkady Gurland,

---
1. Fittko, 2015: 139. Sobre algunas de las taras de la percepción de Fittko, véase Alba, 1987.

miembro del Instituto, el 11 de octubre de 1940[2], tras haber sufrido, obviamente, impactos emocionales fuertes. Otro tanto cabe decir de la versión de Grete Freund, concretada en una carta con destinatario desconocido escrita en francés, también en Lisboa, el 9 de octubre del mismo año[3]. Por lo que se refiere a Carina Birman, dio cuenta de los hechos en 1975[4]. Joseph Gurland, entrevistado muchos años después, confesaba, en suma, conservar tan solo recuerdos fragmentarios. Para que nada falte, la documentación burocrática española merece un crédito limitado.

Las cosas como fueren, limitémonos a recordar ahora que en la segunda mitad de 1940 muchos fugitivos partían, como Benjamin, de Marsella, en donde procuraban hacerse con los documentos necesarios y en donde, en su caso, habían oteado las perspectivas que podían abrirse de la mano de un viaje en barco hasta el norte de África —Orán, Casablanca— y, desde allí, hasta Portugal[5]. España algo tenía, eso sí, de opción a la desesperada, en la medida en que había motivos para dudar de su cacareada condición de país neutral y menudeaban las sospechas de que, en un momento determinado, pudiese entrar en guerra del lado de Alemania[6]. Aun así, y según una estimación, unos 80.000 extranjeros penetraron de forma ilegal o semilegal en España entre 1939 y 1944, durante la segunda guerra mundial[7]. Los temores afectaban también, aunque en menor grado, a Portugal. Conviene no olvidar que, pese a que los gobiernos español y portugués no asumían políticas represivas con respecto a los judíos, no podía decirse otro tanto, en cambio, en lo que respecta a las medidas que afectaban a gentes situadas políticamente en la izquierda, cuya presencia en los territorios correspondientes con certeza preocupaba.

---

2. Saletti, 2010a: 122.
3. Saletti, 2010a: 113.
4. Birman, 2006; Saletti, 2010a: 114.
5. Weber, 2011: IX.
6. Weber, 2011: 7.
7. Calvet, 2010: 19.

Si nuestro conocimiento de lo ocurrido en los últimos días de Benjamin arrastra inevitables lagunas —más allá de los errores que este texto, interesado por una materia compleja, con certeza incorpora: confieso que en algunos tramos, acaso no particularmente relevantes, es imposible moverse con soltura, y muy fácil equivocarse—, no está de más recordar que los protagonistas de los hechos debían toparse, también, con problemas graves de información. A buen seguro que, víctimas de un sinfín de rumores que a duras penas estaban en condiciones de sopesar racionalmente, es inevitable que su conducta se ajustase, en un grado u otro, a lo que rezaban esos rumores. Parece, por ejemplo, y como veremos, que pese a que no hay muchos motivos para concluir que en septiembre de 1940 la policía alemana controlaba de forma cabal la frontera francoespañola, es muy fácil que Benjamin y sus compañeros de viaje pensasen lo contrario y actuasen en consecuencia. En este orden de cosas, y desde la atalaya del conocimiento, cierto que relativo y cauteloso, al que hemos llegado hoy, es sencillo concluir que Benjamin tomó una decisión equivocada cuando optó por suicidarse —supondremos que esto fue lo que ocurrió—, o al menos que la tomó si su temor lo era ante todo a caer en manos de la Gestapo. En septiembre de 1940, y en el Rosellón, la posibilidad de acabar en manos de los servicios de seguridad alemanes era, sin embargo, escasa y el relieve de la figura de Benjamin limitado. Aunque, claro, la simple consideración de la singularísima condición del viaje postrero de nuestro hombre —un viaje a la libertad que tenía por destino nada menos que la España franquista de 1940— obliga a preguntarse por lo que no ocurriría en Alemania, el país del que Benjamin se había visto obligado a marcharse unos años antes.

LA POLICÍA FRANCESA

Mis primeras consideraciones lo serán sobre lo que presumiblemente era y hacía la policía francesa recién iniciado el otoño de 1940. Sabemos, por lo pronto, que, según la información de la que se hace eco Larrieu, la vigilancia del lado francés de la frontera —el dato parece referirse al conjunto del Rosellón— corría a cargo de 240 personas: 60 gendarmes y 180 guardias móviles[8]. A diferencia del cuerpo de aduaneros, los gendarmes veían limitado su radio de acción a las carreteras que unían los núcleos de población[9] y, cabe suponer, a las líneas férreas. Solo en circunstancias excepcionales patrullaban por las áreas montañosas[10]. Cierto es que en estas se hallaban en ocasiones funcionarios de aduanas que por poco más se interesaban que por el contrabando[11].

No es sencillo determinar cuáles eran las adhesiones políticas de los integrantes de estos cuerpos. Aunque en principio, y por lógica, tenían un carácter más bien conservador, lo razonable es adelantar que en septiembre de 1940, y por motivos obvios, no simpatizaban en modo alguno con Alemania y, de resultas, no se hallaban plenamente adaptados a los criterios postulados por Vichy, aun cuando aceptasen las instrucciones que emanaban del gobierno encabezado por Pétain[12]. No se olvide, por lo demás, que la España de Franco y la Francia de Vichy —Madrid había reconocido a esta última en fecha tan temprana como junio de 1940[13]— eran países amigos. Este magma de eventuales adhesiones que ahora nos ocupa tal vez explica, por sí solo, la conducta de los gendarmes y los guardias franceses, que fue a menudo relajada y poco puntillosa hasta que, en noviembre de 1942, los alemanes penetraron en el territorio de Vichy[14]. Cabe suponer que entre los gendarmes había, por otra parte, de todo. No faltan los testimonios que dan cuenta de cómo en algunos casos, lejos de controlar la documentación de quienes presuntamente deseaban cruzar de forma ilegal la frontera, o esquivos ante la presencia de documentos manifiestamente

---
8. Larrieu, 1994: 55.
9. Eychenne, 1998: 59.
10. Eychenne, 1998: 59.
11. Calvet, 2010: 30.
12. Eychenne, 1998: 59.
13. Calvet, 2010: 116.
14. Ruiz, 2006: 158.

falsificados, antes bien ayudaron a estas gentes a encontrar el camino adecuado[15]. En algún momento se ha sugerido que la asunción de conductas generosas tenía que ver con que uno u otro comisario estuviese presente, y con el hecho paralelo de que alguna otra autoridad estuviese, por el contrario, ausente[16]. En el verano de 1940, en cualquier caso, las operaciones de patrulla debieron ser bastante tranquilas. Acaso se aplicaba una norma que fue invocada, en fecha tan tardía como el verano de 1943, por un capitán destinado en el Rosellón: cuando el presunto fugitivo se hallaba en Francia, ello significaba que no había delinquido, y cuando, por el contrario, había entrado ya en España, su caso era competencia de las autoridades españolas[17].

Agreguemos que algunos testimonios señalan que el intento de cruce ilegal de la frontera se saldaba con multas de 100 francos acompañadas de un mes de prisión[18]; una y otra sanción se podían esquivar, sin embargo, alistándose en la legión extranjera o sumándose al ejército del armisticio[19]. No faltaron en modo alguno, por otra parte, los casos de personas que intentaron varias veces el paso de la frontera, circunstancia que ilustra que las sanciones por hacerlo no podían ser, por fuerza, determinantes. En ocasiones, en fin, la gendarmería francesa ignoraba, sin más, a quienes eran devueltos del lado español, algo que se convirtió en un estímulo para que los afectados intentasen repetir el cruce ilegal de la frontera[20]. El escenario cambió, bien es cierto, a partir de finales de 1942.

LA POLICÍA ESPAÑOLA

Más compleja se antoja la casuística que rodeaba las tareas de los servicios fronterizos españoles. Esas tareas ya no correspondían,

---

15. Barrère, 2005: 42 y 69; Fry, 2008: 78.
16. Fry, 2008: 13, 72 y 84-85.
17. Eychenne, 1998: 61.
18. Barrère, 2005: 15.
19. Eychenne, 1998: 86.
20. Calvet, 2010: 91

por cierto, al cuerpo de carabineros, sospechoso de connivencia con la república. Desde marzo de 1940 habían recaído, al parecer, sobre la guardia civil, y ello aunque la mayoría de los guardias asignados a estos menesteres eran antiguos carabineros[21]. En adelante las más de las veces hablaremos, de cualquier modo, de la "policía española", toda vez que la adscripción profesional precisa de estas gentes no tiene mayor relieve en términos de nuestro relato. Calvet resume, por lo demás, la deriva cronológica de las políticas aplicadas por el gobierno español: "Se puede hablar de una tolerancia inicial, con la permisividad ante el paso por territorio español de los refugiados si llevaban la documentación en regla; un endurecimiento posterior de la vigilancia, que provocará la repatriación a Francia de los arrestados, y, finalmente, la detención y el internamiento en prisiones y campos de concentración"[22].

En septiembre de 1940 parecía como si la policía española estuviese, sin más, a la espera de que llegasen los refugiados. Sabía que cruzar de forma ilegal la península resultaba casi imposible, con lo que se daba por descontado que los fugitivos, o al menos los que disponían de documentación solvente, se personarían en aduanas o comisarías. Por otro lado, en recintos como el de Portbou la policía era conocedora de que las posibilidades de movimiento resultaban limitadas, de tal suerte que se daba por descontado, de nuevo, que los intrusos se harían presentes[23]. Ello era así hasta el punto de que se hicieron valer circunstancias llamativas: recuérdese que algún interlocutor vinculado con los fugitivos, como Varian Fry, preguntó en Portbou por estos sin ocultar que habían cruzado la frontera ilegalmente[24]. Émilienne Eychenne señala que lo común en las localidades fronterizas era que en cada una de ellas hubiese un puesto de *carabineros* integrado por tres de estos; mientras uno de ellos permanecía en el puesto, los

---

21. Barrère, 2005: 95.
22. Calvet, 2010: 82.
23. Barrère, 2005: 94.
24. Fry, 2008: 77.

otros dos se encargaban de patrullar[25]. Parece fuera de discusión que el dispositivo desplegado en Portbou —o, también, en La Jonquera y en Puigcerdà— tenía que ser más notable. Según la información que recoge Larrieu, la vigilancia del lado español de la frontera —de nuevo entenderemos, con todas las cautelas, que se refiere al conjunto de la provincia de Girona, y no solo a Portbou— corría a cargo de doscientas personas[26]. No se olvide al respecto que lo que, a la postre, otorgaba singularidad a Portbou era la existencia de una estación internacional de tren.

No sabemos, por otra parte, si la policía española realizaba patrullas regulares por la línea fronteriza en el caso de la localidad catalana que me ocupa, o al menos si las realizaba por la ruta que al cabo siguió Walter Benjamin. Si me guío por el relato de Birman, sobre el que volveré, en el tramo final del trayecto entre Banyuls y Portbou había, sin embargo, el día en que Benjamin cruzó la frontera, varios grupos de refugiados que deseaban entrar en España[27]. No falta algún ejemplo, aun así, de gentes que se vieron interceptadas, mientras cruzaban ilegalmente la frontera, por una patrulla de la guardia civil; tal fue el caso de un grupo de personas que intentó cruzar de Banyuls a Portbou el 15 de noviembre de 1941[28]. Acaso en esta rúbrica, claro que con dudas, conviene situar lo relatado por Joseph Gurland, el adolescente que acompañó a Benjamin en su excursión postrera de septiembre de 1940: Gurland señaló que, cuando se aproximaban a Portbou, vieron de lejos a dos policías, o a dos guardias civiles, que luego desaparecieron. Según la versión de Joseph Gurland, esos dos policías "vigilaban el lugar en el que el camino que bajaba de la montaña confluía en la carretera que llevaba al pueblo"[29].

---

25. Eychenne, 1998: 46.
26. Larrieu, 1994: 55.
27. Birman, 2006: 3.
28. Belot, 1998: 70.
29. Tiedemann, s.d.

Tampoco parece que las fórmulas aplicadas por la policía española —y seguimos hablando de septiembre de 1940— fuesen particularmente disuasorias. Recordemos al respecto, por lo pronto, que la expulsión del territorio español no solía generar ningún efecto jurídico o administrativo[30]. Lo común era que a las autoridades policiales no les preocupase, por otra parte, la ausencia de un visado de salida francés: se contentaban con certificar que había uno de tránsito español[31]. El primero de esos visados se antojaba un requisito interno francés, en tanto era el segundo el que tenía relieve en España. Si sumamos lo que significa esta actitud de la policía española con la laxitud general de la francesa tendremos un panorama general que permite explicar el hecho de que algunas estimaciones, no comprobables, aseveren que en el verano de 1940 fueron unos 5.000 los judíos que cruzaron, en alguno de sus tramos, la frontera francoespañola[32]. No hay motivos para concluir, en un terreno próximo, que las autoridades franquistas fuesen singularmente duras con los guías que colaboraban eventualmente en el paso de la frontera. Aunque en ocasiones se les acusaba de espionaje y se les aplicaba la legislación militar, al cabo la consecuencia era, sin más, la imposición de multas y la expulsión del territorio español[33]. Cierto es que, de por medio, se hicieron valer intentos de las autoridades en el sentido de conseguir que Francia financiase, en un grado u otro, los gastos derivados de la presencia en España, siquiera solo fuese por un período breve de tiempo, y del traslado al país vecino de quienes habían intentado cruzar ilegalmente la frontera[34]. Una información de fecha 17 de septiembre de 1940 señalaba que del lado español se reclamaba de Francia el pago de 2,5 pesetas por día de detención de los fugitivos más el

---

30. Barrère, 2005: 15.
31. Fry, 2008: 20.
32. Eychenne, 1998: 290.
33. Calvet, 2010: 54.
34. Barrère, 2005: 16.

gasto derivado del transporte y el acompañamiento[35]. No hay, con todo, constancia de que Francia abonase al respecto suma alguna. Agreguemos que del lado español menudearon, con toda evidencia, las arbitrariedades. Parece servida la conclusión de que las autoridades policiales locales disfrutaban de cierto margen de maniobra. Así las cosas, si la frontera se abría y se cerraba sin mayor explicación, la policía podía inclinarse, también, por dejar pasar a quienes no llevaban el visado de salida francés, como podía decidir lo contrario. A efectos de proponer un ejemplo de las arbitrariedades, en este caso cabe suponer que instigadas por el propio gobierno de Madrid, bien estará que recordemos que, según Robert Belot, en agosto de 1940 las autoridades españolas decidieron obstaculizar la entrada de los ciudadanos franceses —también, al parecer, de ingleses y polacos— con menos de 40 años de edad, y ello aun cuando estuviesen provistos de la documentación requerida. Francia protestó por la medida, que era claramente perjudicial para los franceses que residían legalmente en España y también para quienes deseaban cruzar esta última con el propósito de dirigirse a otro país. De resultas, no faltaron los casos de ciudadanos franceses —así, el de Marc Bloch— que, provistos de toda la documentación necesaria, fueron, pese a ello, internados en un campo en España. Belot concluye que —aunque en la trastienda de las medidas arbitradas por las autoridades españolas bien podía estar el temor a que Portugal, en singular, no permitiese entrar a ciudadanos judíos que disponían de un visado de tránsito español y, en consecuencia, los devolviese a España— lo menos que puede afirmarse es que la política de las autoridades franquistas era aleatoria y arbitraria[36]. Cabe suponer, en fin, que en la trastienda de las arbitrariedades había, en lo que atañe a la policía española, lo que no eran sino conductas delictivas. Menudean las

---

35. Eychenne, 1998: 45.
36. Belot, 1998: 55-56.

informaciones que sugieren que del lado de la guardia civil se hicieron valer confiscaciones de dinero y de joyas de los fugitivos[37], y que se aceptaron sobornos[38]. Por lo que parece, entre 1940 y 1942, y en relación con estos menesteres, se sucedieron las denuncias en relación con las comisarías situadas en la frontera gerundense[39]. Conviene, aun así, que guarde alguna distancia con respecto a las consideraciones que acabo de hacer. Comoquiera que, si seguimos a Sébastien Barrère, en la posguerra española el control de la frontera corría a cargo fundamentalmente de los efectivos de seguridad españoles, y no de los franceses[40], la lógica sugiere que los primeros debían asumir una actitud más activa y escrutadora de lo que hemos sugerido. Más allá de ello, lo suyo es recordar que no parecía razonable que se mostrasen laxos en un escenario en el que quienes cruzaban ilegalmente la frontera procedentes de Francia bien podían ser exiliados españoles, y ello aunque, ciertamente, el escenario de Portbou, por su crudeza y relativo aislamiento, no ofreciese el tránsito más lógico al respecto. Por añadidura, la policía franquista debía prestar alguna atención a quienes lo que deseaban era huir de España.

LA RUTA DE CERVERA

Hasta pocos días antes del cruce clandestino de la frontera por Benjamin, la ruta que, en esa zona precisa, solían seguir los fugitivos, mucho más corta y menos onerosa, era la que reclamaba abandonar la estación de tren en Cervera de la Marenda (Cerbère) y recorrer la verja del cementerio local para descender,

---

37. Eychenne, 1998: 45.
38. Fry, 2008: 75 y 84; Weber, 2011: 63.
39. Calvet, 2010: 72.
40. Barrère, 2005: 14.

por un camino ciertamente difícil, hasta Portbou[41]. Tal camino había sido utilizado por escritores y artistas significados. El 13 de septiembre se sirvieron de esta ruta varias figuras de la vida cultural alemana-austriaca: Franz Werfel y su esposa, Alma Mahler —habían seguido en sustancia el mismo periplo que Benjamin a través de Lourdes y Marsella[42]—, Heinrich Mann —hermano de Thomas— con su mujer Nelly, y Golo Mann —hijo de Thomas—[43]. El cruce se realizó bajo la supervisión del Emergency Rescue Committee que dirigía Varian Fry, y en compañía de un "experto en contrabando", Leon Ball. En su transcurso no faltaron, con todo, los problemas con la gendarmería francesa, relativos a la ausencia de visados de salida. Al día siguiente de la llegada a Cervera los fugitivos, guiados por Ball, cruzaron clandestinamente la frontera para alcanzar Portbou, en donde se cuenta que uno de los guardias españoles, lejos de promover algún obstáculo relativo a la documentación de Golo Mann, que carecía, sin embargo, de pasaporte, se mostró orgulloso de conocer al hijo de un escritor célebre[44]. Los equipajes, entre tanto, a cargo de Fry, habían sido transportados en tren[45].

Se cuenta que varias de las personas que utilizaron la ruta de Cervera, y en singular el escritor alemán Lion Feuchtwanger[46] —cruzó con un pasaporte falso y, en virtud de sus declaraciones posteriores, colocó en posición delicada al Emergency Rescue Committee[47]—, se jactaron públicamente de ello, revelando los detalles de la huida, circunstancia que al poco

---

41. Bailey, 2009: 134. Otras rutas de cruce por la región, por vía naval, eran empleadas ante todo por militares aliados; véase Calvet, 2010: 49. Recuérdese, por lo demás, que el 19 de junio de 1940 varios integrantes de la familia Windsor, acompañados del cónsul británico en Niza, cruzaron la frontera por Cervera-Portbou; cierto es que lo hicieron de manera legal, sin echar mano de rutas clandestinas, no sin haberse topado antes con algunos problemas a la hora de conseguir un visado español; véase Bailey, 2009: 128.
42. Bailey, 2009: 135.
43. Bailey, 2009: 130-131; Weber, 2011: 62.
44. Bailey, 2009: 136-137; Fry, 2008: 78-79.
45. Fry, 2008: 74.
46. Bailey, 2009: 145.
47. Weber, 2011: 64; Rudel, 2006: 31; Scheurmann, 1994a: 105.

habría tenido el efecto de que en esa frontera se extremasen las medidas de control[48]. Probablemente fue esta la razón por la que menos de dos semanas después Benjamin, y con él otros, decidió seguir un camino relativamente próximo, pero situado tierra adentro.

LA CAMINATA DE BENJAMIN

Por lo que creo saber, el 24 de septiembre de 1940, por la mañana temprano[49], Benjamin visitó a Lisa Fittko —quien, cabe suponer que por error, adujo que fue el 25[50]— en la localidad costera rosellonesa de Port-Vendres. No sabemos dónde, y en qué condiciones, había dormido Benjamin la noche anterior. El 23 y el 24 de septiembre las fuerzas navales de Vichy, con autorización previa de Alemania e Italia, habían resistido frente a una ofensiva gaullista en Dakar[51]; el 24 y el 25 del mismo mes aviones franceses habían bombardeado, por otra parte, instalaciones británicas en Gibraltar, en cristalina ilustración de que los dos países se encontraban en guerra[52]. Como ya he señalado, Benjamin había llegado al Rosellón en compañía de Henny Gurland —fotógrafa, nacida en 1900 en Aquisgrán y segunda esposa, después, de Erich Fromm; fallecida en México en 1952— y del hijo de esta, Joseph, nacido en 1923 y muerto en 2003[53]. Presumiblemente el contacto con Lisa Fittko, una resistente antifascista refugiada en Francia —había nacido en 1909 en Uzhgorod y falleció en Chicago en 2005—[54], les había sido proporcionado por el marido de Lisa, Hans, con quien Benjamin había trabado amistad, en 1939, en el campo de

---

48. Bailey, 2009: 137.
49. Saletti, 2010b: 153.
50. Scheurmann, 1994b: 280.
51. Paxton, 2002: 83.
52. Paxton, 2002: 84.
53. Saletti, 2010a: 122c.
54. Sobre la vida de Fittko, véanse Fittko, 1995; Hauser, 2010: 49.

Nevers[55]. La propio Fittko afirmó que conocía de nombre, por casualidad, a Benjamin, pero que este en ningún caso era en aquel momento una personalidad célebre[56]. Al parecer, Benjamin solicitó de Fittko que le prestase ayuda para cruzar clandestinamente la frontera francoespañola[57]. En la percepción de Fittko, cuando el mundo se hundía Benjamin mantenía indemnes los códigos de una vieja cortesía[58]. Los fugitivos y la que había de ser su guía se dirigieron a Banyuls de la Marenda (Banyuls-sur-mer), a unos siete kilómetros de Port-Vendres en dirección a la frontera española. Fittko no recuerda si realizaron el camino a pie o en tren[59]. La primera posibilidad planteaba problemas si tenemos en cuenta la condición física de Benjamin; la segunda remitía al riesgo de controles policiales[60]. En Banyuls buscaron al alcalde de la localidad, el socialista Vincent Azéma, quien parece haber sido el instigador principal de la apertura de una nueva ruta, por el interior pero muy cercana al mar, de cruce de la frontera. Hubo que aguardar a noviembre de 1940, por cierto, para que las autoridades de Vichy se autoatribuyesen la potestad de disolver los consejos municipales "por motivos de orden público o de interés general"[61]. Si lo entiendo bien, el consejo de Banyuls fue disuelto el 4 de diciembre, por "hostilidad sistemática ante la obra de la reconstrucción nacional"[62]. Rosemary Bailey afirma, sin embargo, que Azéma fue destituido a finales de noviembre[63]. Un texto publicado en *Le Roussillon* el 28 de diciembre de 1940 asevera que el consejo municipal de Banyuls "no puede, en virtud de su composición, contribuir eficazmente a la obra de la reconstrucción nacional"[64].

---

55. Eiland y Jennings, 2014: 672.
56. Heinemann, 1994: 150.
57. Saletti, 2010a: 102.
58. Fittko, 2015: 139.
59. Fittko, 2015: 142.
60. Saletti, 2010a: 102.
61. Bonet, 1992: 49-50.
62. Bonet, 1992: 50.
63. Bailey, 2009: 143.
64. Reproducido en Gual y Larrieu, 1996: 190.

Azéma aconsejó a los recién llegados que, por la tarde del mismo día 24, hiciesen la primera parte del recorrido, para así familiarizarse con el entorno y, al cabo de una hora o dos de camino, regresar a Banyuls, repasar con el propio Azéma el conocimiento adquirido y reemprender el viaje por la mañana muy temprano, a eso de las cuatro, confundidos con los vendimiadores; no se olvide que la economía de Banyuls dependía fundamentalmente de la producción de vino[65]. Así lo hicieron, en principio, Fittko, Benjamin y los Gurland. Cuando llegó el momento de regresar a Banyuls, Benjamin afirmó, con todo, que él no lo haría, o, lo que es lo mismo, que prefería pasar la noche en el monte —así habría ganado camino para la jornada del día siguiente— y aguardar a que retornasen por la mañana. Pese a que Fittko le señaló los peligros que acechaban —alimañas, contrabandistas— y recordó que Benjamin nada llevaba de comer, este último se mantuvo en sus trece y rechazó, por añadidura, que su interlocutora se quedase —no lo hizo— para acompañarlo. Fittko sugiere que la de quedarse en el monte no fue una decisión repentina de Benjamin: el hecho de que, en la excursión vespertina, llevase su cartera significaba, a sus ojos, que había subido el primer tramo del trayecto con la firme intención de dormir al raso[66] y en virtud de un cálculo racional de sus capacidades físicas que aconsejaba no dilapidar energías. La propia Fittko menciona el aferramiento de Benjamin a su cartera, al manuscrito del que presuntamente era portador, y anota sus palabras: "No puedo perderlo. El manuscrito debe salvarse. Es más importante que yo mismo"[67].

La madrugada siguiente —hablamos del 25 de septiembre, día en que el enviado especial de Franco, y al poco, ministro de Asuntos Exteriores español, Serrano Suñer, se entrevistó con su homólogo alemán, Von Ribbentrop, en Berlín y

---

65. Bonet, 1992: 19.
66. Fittko, 2015: 145.
67. Fittko, 2015: 143.

fue recibido por Hitler[68]— Fittko y los Gurland encontraron sin mayores problemas a Benjamin, quien cabe suponer, sin embargo, no descansó de manera suficiente —¿pudo dormir algo?— durante la noche. La montaña, por lo demás, no parecía atraer mucho a Benjamin. Si nos atenemos a los diarios de viaje por Suiza e Italia que redactó en su juventud, le gustaban más las ciudades oscuras que los paisajes sublimes de los Alpes[69]. En la interpretación de Lacoste la montaña, la naturaleza en estado puro, interesaba poco a Benjamin por cuanto se caracterizaba por la uniformidad, por el eterno retorno, por el rechazo de toda novedad[70]. Claro es que a finales de septiembre de 1940 nuestro hombre tenía, a buen seguro, otras cosas en las que pensar, y a duras penas cabe imaginar que se solazó con la visión del mar, de los viñedos y de los pinares.

El camino, en adelante, fue lento, toda vez que los problemas de Benjamin impedían otra cosa[71]. En algún momento, por otra parte, los viajeros se extraviaron: no surcaban una ruta claramente establecida e identificable. Aún hoy los problemas de señalización son evidentes y no puede despreciarse el riesgo de perderse en un escenario a ratos inhóspito. Según la versión de Fittko, que admite tener dudas al respecto, cada diez minutos Benjamin procuraba descansar uno[72]. Ya en 1932-1933, y en Ibiza, había tenido que encarar problemas para caminar, aunque, al parecer, los solventaba a través de una puntillosa disciplina. Según Jean Selz, "no podía andar muy rápido, pero era capaz de caminar durante mucho tiempo"[73]. Solo en una ocasión le faltaron las fuerzas al "viejo Benjamin". No olvidemos que este era portador, por añadidura, de una cartera que cabe

---

68. Hauner, 2008: 157.
69. Lacoste, 2005: 26-27.
70. Lacoste, 2005: 27.
71. Antonia Grunenberg señala que en el viaje entre Banyuls y Portbou bien pudo ocurrir que Benjamin emplease alguna de las pastillas —esta autora habla, con todo, de inyecciones— de morfina; véase Grunenberg, 2022: 188-189.
72. Fittko, 2015: 148.
73. Cit. en Valero, 2001: 54.

suponer era razonablemente pesada; a ratos la llevaban el hijo de la señora Gurland y la propia Fittko[74], quien confiesa que, en cualquier caso, el camino era más largo que lo que Azéma había dado a entender[75]. Con certeza la comida —tomate y pan— llevada por ella ayudó a Benjamin. Fittko señala, por lo demás, que no apreció en este último ni nerviosismo ni cobardía, y sí una extrema cortesía en una persona normal, que no parecía estar viviendo ninguna tragedia; agrega Fittko, eso sí, que no era Benjamin una persona flexible y que, en consecuencia, le costaba adaptarse a nuevos escenarios, no sin subrayar que no percibió en nuestro hombre ningún proyecto vinculado con la eventualidad de un suicidio[76].

Fittko afirma haberse despedido de Benjamin a eso de las dos de la tarde, algo así como una hora después de cruzar la frontera española[77], sin que la propia Fittko se hubiese percatado de haber sobrepasado la linde[78]. Hasta ese momento Fittko y los Gurland llevaban, al parecer, 10 horas de trayecto, y Benjamin 7. Si según Grete Freund, su excursión, de recorrido similar, duró un total de 14 horas[79], Henny Gurland habla de 12[80]. A buen seguro que el hecho de que en varias oportunidades hubiesen perdido el camino, sumado al carácter accidentado de este, a menudo estrecho y pedregoso, con escasas posibilidades de detenerse a descansar, acrecentó el tiempo del desplazamiento. Ya en territorio español, y siempre según Fittko, Benjamin, pese a las sugerencias en el sentido de que no lo hiciese, bebió de un charco de agua malsana, algo que bien podía vincularse con los problemas físicos que arrastraba y que invita a extraer

---

74. Fittko, 2015: 148.
75. Fittko, 2015: 149. Mi experiencia personal en lo que hace a la realización del camino es que es más duro de lo que los montañeros sugieren en las redes sociales. Con el añadido de que la dureza mayor no es la de la subida desde Banyuls, sino, antes bien, la del descenso posterior hasta Portbou al amparo de una senda angosta y pedregosa que obliga a ir muy despacio. Extraviarse, aún hoy, es, por lo demás, relativamente sencillo.
76. Heinemann, 1994: 150, 153 y 154.
77. Fittko, 2015: 152.
78. Fittko, 2015: 166.
79. Saletti, 2010a: 113.
80. Saletti, 2010a: 114.

la conclusión de que, mal preparados, no llevaban agua en un lugar en el que esta faltaba manifiestamente. Adujo al respecto lo que sigue: "Discúlpeme, pero no me queda otra. De no beber ahora, puede ser que no tenga fuerzas para alcanzar el final"[81]. Que el estado de Benjamin era malo acaso lo confirma el hecho de que Fittko aduzca que, en operaciones posteriores de cruce de la frontera, habían hecho el trayecto en tres o cuatro horas, e incluso —difícil, por no decir que imposible, es imaginarlo: en trechos muy largos hay que andar con mucho cuidado para no perder el pie— en dos[82]; no está claro, ciertamente, si en este cómputo de tiempo Fittko incluye el tramo español de la ruta. Aunque buena parte del retraso se debía, a buen seguro, al estado físico de Benjamin, hay que prestar oídos al testimonio de Grete Freund, que obliga a concluir que el camino era más pesado, y reclamaba más tiempo, que lo que Fittko da a entender.

Parece que en un determinado momento del trayecto —ya se había ausentado Fittko o, al menos, esta no menciona la circunstancia— los fugitivos encontraron a un grupo de cuatro mujeres también empeñadas en cruzar clandestinamente la frontera y, acaso, un tanto perdidas[83]. Eran Carina Birman (1895-1996), asesora legal de la embajada de Austria en París[84] y su hermana Dele (?-?), Sophie Lippman (1885-1975)[85] y Grete Freund (?-?), responsable financiera de la revista *Tagebuch*, que se publicaba en la capital francesa[86]. Por conducto, de nuevo, de Azéma, alguien familiarizado con los caminos que surcaban los contrabandistas las había conducido por el monte al amparo de un viaje que, como el propiciado por Fittko, tenía mucho de experiencia primera[87]. También se habían extraviado

---

81. Fittko, 2015: 151.
82. Fittko, 2015: 153.
83. Birman, 2006: VIII.
84. Birman, 2006: VIII.
85. Birman, 2006: VIII.
86. Birman, 2006: 24.
87. Birman, 2006: 2.

en algún momento[88]. Carina Birman y Grete Freund afirmaron que cuando vieron por vez primera a Benjamin este parecía tener problemas cardiacos[89]. Si la propia Birman sostuvo que los integrantes de los dos grupos llegaron, juntos, a Portbou a las 18:30 o a las 19:00, Antonio Sols, el responsable de investigación y vigilancia de la frontera oriental de la Dirección General de Seguridad española de Figueres situó la hora de llegada en las 20:00[90]. En la cronología recogida en el libro de Saletti se habla, sin embargo, de las 17:00 o las 18:00[91]. El baile de horas algo puede deberle al hecho de que el momento de llegada a Portbou se compute en la aduana o, por el contrario, en las instalaciones policiales. Conviene que reseñemos que el relato de Joseph Gurland, recogido varias décadas después, remite a una realidad diferente. Según su versión de los hechos, el grupo de las cuatro mujeres habría ido por delante, de tal manera que Benjamin y sus compañeros solo se habrían encontrado con ellas en Portbou, en la comisaría[92]. Carina Birman afirma, por lo demás, que en el trayecto desde Banyuls se habían topado con otros grupos de refugiados[93].

Conviene, aun así, que vuelva sobre tres materias vinculadas con el periplo que me acaba de ocupar. Digamos, por lo pronto, que el viaje en cuestión fue, hasta donde puede saberse, la primera experiencia de cruce de frontera de Lisa Fittko, quien en septiembre de 1940 iba, al parecer, por libre, algo que no preocupó mayormente a Benjamin: "El verdadero peligro sería no partir", habría aseverado este[94]. Un mes después, en octubre, los Fittko entraron al servicio del Emergency Rescue Committee —Fry había llegado a Marsella en agosto de 1940—, y realizaron una media de tres viajes por semana, ayudando a

---

88. Birman, 2006: 3.
89. Birman, 2006: 3; Saletti, 2010a: 113 y 114. Henric, en su novela, le supone a Benjamin una herida en el talón que dificultaría la marcha; véase Henric, 1998: 14.
90. Saletti, 2010a: 102 y 114.
91. Tiedemann, s.d.
92. Saletti, 2010b: 154.
93. Birman, 2006: 3.
94. Fittko, 2015: 141.

cruzar la frontera a refugiados y, también, a militares ingleses[95]. Tuvieron que abandonar la región a finales de mayo de 1941, cuando un decreto del gobierno de Vichy proclamó que todas las áreas fronterizas debían verse libres de la presencia de extranjeros[96]. Hay que subrayar, con todo, que antes del trabajo primero de Lisa Fittko existió otra red asentada en Banyuls: la dirigida, a partir de finales de agosto de 1940, por Dina Vierny, modelo del escultor Maillol y otrora militante trotskista[97]. En su prolija cronología Larrieu afirma que en septiembre de 1940 se habían organizado en el Rosellón, por otra parte, varias redes de evasión, como las que llevaban los nombres de Brutus, Georges, France y Comète[98]. No hay, por lo demás, ninguna constancia de pagos realizados a Lisa Fittko[99], aun cuando el cobro pareció estar a la orden del día en muchas de las operaciones de cruce de la frontera[100].

Una segunda materia de interés es la relativa a por qué Benjamin y otros muchos optaron, para cruzar la frontera, por los Pirineos orientales: si, por un lado, la altura que había que salvar era limitada y el trayecto razonablemente corto, a diferencia de lo que ocurría tierra adentro en la cordillera, por el otro los controles no eran tan severos como en el otro extremo, el vasco, de los Pirineos, en el que —no se olvide—, y en virtud de la partición de Francia, el ejército alemán se había hecho materialmente presente. Según una estimación, en la etapa en la que Benjamin pasó la frontera acaso un 70% de los cruces de esta se verificaron por los Pirineos orientales[101]. Bien es verdad que en estos había otros escenarios de paso, como los proporcionados por Puigcerdà, La Tor de Querol (Latour-de-Carol), El Pertús (Le Perthus) y Cervera[102]. La ruta precisa seguida por Benjamin,

---
95. Weber, 2011: 66.
96. Bailey, 2009: 143.
97. Charles Jacquier, en Fry, 2008: XXVI.
98. Larrieu, 1994: 54.
99. Fittko, 2015: 159.
100. Calvet, 2010: 52.
101. Bailey, 2009: 126.
102. Bailey, 2009: 126.

con frecuencia usada por contrabandistas y acaso parcialmente empleada, en su huida de 1939, por el ejército republicano español[103], se hallaba relativamente protegida de las miradas de los gendarmes franceses[104]. Por cierto que la noticia de la muerte de Benjamin que incluyó, en Nueva York, el semanario *Aufbau* el 11 de octubre de 1940 se refiere, de manera visiblemente alarmista, a cómo muchos refugiados que intentaban cruzar a España habían desaparecido en las semanas anteriores, asesinados por bandas de contrabandistas que se habían ofrecido a ayudarlos en la operación[105]. Conviene subrayar que el camino hoy existente, que por lógica no coincide punto por punto con el recorrido por Benjamin[106], ha sido señalizado y roturado, de tal manera que los atrancos y el riesgo de perderse, que acosaron a los viajeros en 1940, son ahora menores aun cuando, como ya he señalado, en modo alguno hayan desaparecido. Manuel Cussó-Ferrer recuerda que los incendios, el mal estado de los senderos y la desaparición de puntos de orientación dificultan sensiblemente el conocimiento de cuál fue la ruta que siguió efectivamente Benjamin, no sin añadir que es poco probable que coincidiese con lo que comúnmente se llama "ruta Líster": recorrieron un camino más corto y más cercano al mar que el que depara esta última, con algún riesgo, por añadidura, de confundir Portbou con Cervera y de recalar en esta última localidad, situada del lado francés de la frontera[107].

Carina Birman sostiene —va la tercera, y última, de mis observaciones— que el 25 de septiembre fue un día muy caluroso[108], dato que, por un lado, sería sencillo relacionar con el relato del agua estancada y, por el otro, explicaría en algún grado los problemas físicos de Benjamin. Tengo la impresión de que nada sabemos a ciencia cierta, por lo demás, de cuáles eran

---

103. Fittko, 2015: 147.
104. Bailey, 2009: 141; Fittko, 2015: 164-165.
105. Birman, 2006: 16.
106. Bonnel, 2013: 94.
107. Cussó-Ferrer, 1994a: 163-164.
108. Birman, 2006: 3. Henric habla también de un calor sofocante; véase Henric, 1998: 17.

el aspecto físico y la vestimenta de este último. Brodersen afirma lo que sigue: "Llevando morrales y ropa típica de la región, el grupo se confundió con los campesinos"[109]. ¿Hay que creer a Marco Felici, quien da por descontado que nuestro hombre iba vestido como un urbanita, esto es, que llevaba un traje similar al que le conocemos en muchas fotografías?[110] Parece poco probable si el deseo era perderse entre los campesinos que recorrían la montaña cercana a Banyuls. Aunque, claro, lo de llevar una cartera tampoco debía ser de gran ayuda, por mucho que sea cierto que el aspecto físico de Benjamin no era el que se supone propio de los alemanes, algo que acaso facilitaba que pasase inadvertido en tierras catalanas. Podía confundírsele perfectamente con un lugareño, asevera Bonnel al respecto[111]. No está de más que agregue aquí algunas de las intuiciones que, al respecto de esta materia, han manejado las obras de ficción que se han interesado por las últimas horas de Benjamin: si Arpaia y Cano Gaviria se han ocupado de los últimos meses de nuestro hombre, Parini ha asumido un ejercicio más amplio, Schad y Guénoun han recorrido los caminos de la especulación literario-crítica, Darnaudet se ha deslizado por el terreno de la novela policiaca y Henric[112] ha convertido a Benjamin en un hito en el que se cruzan un ser humano y una tragedia colectiva[113]. Pues bien. Arpaia imagina así al personaje que se presentó delante de Lisa Fittko: "Un hombre anciano con la corbata bien ajustada al cuello y la camisa sucia, la chaqueta raída, los pantalones oscuros remendados a la altura de las rodillas. Olía mal"[114]. "No creo que se hubiese afeitado en varios días, y su olor a rancio no era bienvenido en mi comedor", afirma uno de los personajes que Parini sitúa en Portbou[115]. Guénoun, por su parte, anota lo

---

109. Brodersen, 1997: 253.
110. Felici, 2001: 28.
111. Bonnel, 2013: 83.
112. Henric, 1998.
113. Arpaia, 2003; Cano Gaviria, 2000; Darnaudet, 2007; Guénoun, 1992; Parini, 1997; Schad, 2012.
114. Arpaia, 2003: 268.
115. Parini, 1997: 254.

pesado que debía resultar el abrigo que, a su entender, llevaba Benjamin[116].

EL ENCUENTRO CON LA POLICÍA ESPAÑOLA

El final del periplo viajero de Benjamin lo relata Henny Gurland: "Por la tarde llegamos a Portbou y fuimos a la comisaría de policía para pedir nuestros visados de entrada. Durante una hora cuatro mujeres y nosotros tres estuvimos ante los funcionarios"[117]. Birman subraya que la primera tarea al llegar a Portbou consistió en buscar la aduana, toda vez que, de lo contrario, se consideraría que su entrada en el país había sido ilegal[118]. Si entiendo bien el relato de Birman, se equivocaron y acudieron en primer lugar a una comisaría, o a un cuartel de la guardia civil, por lo que inmediatamente se les detuvo[119]. Bonnel, por su parte, sugiere que primero pasaron la aduana y a continuación se dirigieron al cuartel de la guardia civil, emplazado en la rambla, a pocos pasos del mar[120]. Las cosas como fueren, según la carta que la Comisaría de Investigación y Vigilancia de la Frontera Oriental, en Figueres, envió a Max Horkheimer el 30 de octubre de 1940, como respuesta a la solicitud de información que Horkheimer había presentado en relación con la muerte de Benjamin, este manifestó "que había salido de Francia clandestinamente por carecer de autorización y que venía andando desde Banyuls (Francia) y que había cogido una insolación y se encontraba bastante enfermo"[121].

Hay que preguntarse, antes que nada, por qué Benjamin, y con él sus compañeros de viaje, cruzó ilegalmente la frontera.

---

116. Guénoun, 1992: 237.
117. Cit. en Capella, 1990: 114. Obsérvese que Henny Gurland se refiere a "cuatro mujeres" como si fuesen desconocidas, esto es, como si no las hubiese encontrado antes en el camino, algo que podría confirmar el relato de su hijo Joseph, ya mencionado.
118. Birman, 2006: 2.
119. Birman, 2006: 4.
120. Bonnel, 2013: 93.
121. Carta a Hilde Schröder, 22 de agosto de 1940, en Benjamin, 2000b: 480.

La respuesta es sencilla: para evitar sorpresas en la aduana francesa, que era, en los hechos, la que más preocupaba. No olvidemos que en principio, y en el caso de los extranjeros, eran necesarios un visado de salida de Francia y un salvoconducto, toda vez que aquellos estaban asignados a una residencia o, en su caso, a un campo de acogida. Parece que Benjamin carecía de ambos documentos, aun cuando dispusiese, en cambio, de los preceptivos visados de tránsito por España y Portugal. En carta a Hilde Schröder escrita el 22 de agosto de 1940 en Marsella, Benjamin recordaba que le resultaba imposible conseguir, sin embargo, el mentado visado de salida de Francia[122]. Lo del visado de salida era un procedimiento eficiente de control: para demandarlo había que revelar, obviamente, la identidad del solicitante, que bien podía estar en alguna de las listas de ciudadanos reclamados por las autoridades alemanas. Aunque, ciertamente, en esas listas se hallaban, en septiembre de 1940, pocas personas, con certeza no había ningún procedimiento público que permitiese conocer quién estaba en ellas y quién no, con lo cual, al cabo, lo común era que se eludiese la solicitud del visado en cuestión. Según Fry, Vichy estaba obligado a transmitir a la comisión de armisticio alemana, ubicada en Wiesbaden, las listas de demandantes de visado de salida[123]. Tengamos presente, en fin, que la no disposición de ese visado podía conducir a un campo de internamiento en Francia, en el buen entendido de que no parece constar que tal perspectiva tuviese relieve en el verano de 1940[124]. Arendt anota, por su parte, que Vichy, complaciente con las autoridades germanas, se negaba a expedir certificados de salida a refugiados alemanes[125]. Por lo que respecta a lo que se esperaba del lado español, el objetivo era, sin más, reconducir legalmente la situación, tanto más cuanto que era común que de ese lado no se exigiese el visado de salida

---

122. Cit. en Capella, 1990: 117.
123. Fry, 2008: 99.
124. Fry, 2008: 21.
125. Arendt, 2014: 42-43.

francés[126]. Desde esta perspectiva, los refugiados entendían que estaban cruzando la frontera de manera semilegal, no en vano los documentos de los que eran portadores eran legales aun cuando pudiese faltar alguno, como el citado visado de salida de Francia. Cabe suponer que, una vez regularizada la situación en la frontera española, el hecho de que alguien no llevase el visado de salida francés dejaba de ser un obstáculo. Aun así, no puede descartarse que hubiese refugiados que optasen por no pasar por el control aduanero español en Portbou.

Tres eran las posibilidades de reacción de la policía española: que dejase pasar a los refugiados, que los internase en algún establecimiento o que los devolviese a Francia. No parecen estar claras las normas aplicadas por las autoridades españolas y, de existir estas, cuándo entraron en vigor y, en su caso, cuándo dejaron de hacerlo. Una de las conclusiones posibles al respecto señala que los requisitos legales probablemente cambiaban según el momento y el lugar. "Se debe asumir que durante meses convivieron varias políticas y que muchas veces fue el azar o la mala suerte lo que hizo que un evadido fuera detenido y encarcelado o, por el contrario, se decretara su inmediata expulsión a territorio francés"[127]. La norma desplegada podía depender, por lo demás, de alguna circunstancia precisa: en alguna ocasión se ha sugerido que la aplicación de medidas excepcionales relativas a los visados de salida franceses, o en su caso a los apátridas, habría tenido que ver, así, con visitas oficiales de jerarcas alemanes o españoles[128].

El propietario del hotel en el que Benjamin recaló afirmó que la decisión de impedir a este la entrada en España le fue comunicada en el propio hotel —¿en qué lengua, por cierto, hablaban? ¿En francés? ¿Hizo uso Benjamin de su endeble castellano?—, y no en la aduana o en el cuartel de la guardia civil[129]. Lo que Benjamin y sus compañeros escucharon era que no se les

---

126. Fittko, 2015: 130.
127. Calvet, 2010: 96.
128. Tackels, 2013: 641.
129. Scheurmann, 1994b: 290.

permitía entrar en España y debían regresar a Francia. Bien es verdad que las explicaciones al respecto remiten a dos circunstancias en principio diferentes. Si la primera invoca el hecho de que carecían del visado de salida francés —Fittko se acoge a este razonamiento y entiende que la medida tuvo un carácter estrictamente provisional, aun cuando se refiere también a la posibilidad de que respondiese al propósito de castigar a los apátridas y sugiere, en fin, que había dudas sobre los visados de tránsito por España emitidos en Marsella[130]—, Grete Freund señala que no les dejaron entrar porque estaba prohibido el acceso al territorio español a las personas de "nacionalidad indeterminada" o sin nacionalidad[131]. A la misma explicación se acoge Henny Gurland[132], quien añade que se les comunicó que unos pocos días antes había sido aprobada una ley que impedía el acceso al territorio español a los apátridas[133]. Ingrid Scheurmann enlaza una y otra perspectiva al afirmar que las leyes españolas de aquel momento impedían el acceso al país a los apátridas que careciesen de un visado de salida de Francia[134]. Palmier recuerda, en paralelo, que los apátridas, por definición, carecían de visado de salida[135]. Una de las consecuencias posibles es la que reza que Benjamin cruzó ilegalmente la frontera porque carecía de visado de salida de Francia, pero no le dejaron entrar en España porque era un apátrida. Parece haber cierto acuerdo, de cualquier modo, en lo que se refiere al hecho de que Benjamin tuvo mala suerte, pero no tanto por las normativas eventualmente aplicadas el día escogido como por los policías con los que se topó. Desde este punto de vista, y como ya he sugerido, las normas bien podían ser aplicadas de forma caprichosa. A lo que se sumaba, como veremos más adelante, y del lado de los policías españoles, la posibilidad de acogerse a unas u otras reglas con el propósito de beneficiarse de eventuales sobornos.

---

130. Fittko, 2015: 153.
131. Saletti, 2010a: 113.
132. Saletti, 2010a: 114.
133. Cit. en Scholem, 2014: 336.
134. Scheurmann, 1994a: 106.
135. Palmier, 2010: 470.

Alguna atención hay que prestar, con todo, a otra posibilidad que ya he sugerido se hacía valer sobre el terreno. La señora Gurland afirma que, comoquiera que solo ella disponía del "documento americano", tanto su hijo Joseph como Benjamin "serían enviados a un campo"[136]. Obsérvese que existía, pues, una opción distinta de la de ser devueltos a Francia. Capella apostilla que, como Benjamin tenía un visado de entrada en Estados Unidos, lo que probablemente quería decir Henny Gurland era que ella contaba con un *pasaporte* estadounidense[137]. No está clara, aun así, la condición del pasaporte de Benjamin, del que hablaré más adelante: el juzgado español identificó, entre las posesiones de Benjamin, un pasaporte "librado en Marsella por el American Foreign Service en 20 de agosto"[138]. El internamiento no pareció considerarse, con todo, en momento alguno, y eso que por la prisión de Figueres pasaron, en 1940, 277 evadidos, entre ellos 50 judíos[139]. Calvet recuerda que en fecha tan cercana a los hechos que aquí me ocupan como el 21 de septiembre de 1940 el matrimonio judío Rubin fue detenido, bien es cierto que por no llevar pasaporte alguno[140]. Y Fry menciona, sin mayores especificaciones, algunos casos de internamiento en la cárcel de Figueres[141]. Probablemente afectaban a personas a las que faltaba manifiestamente documentación o que habían hecho uso de documentos falsos. Cabe suponer, por lo demás, que las fugitivas que acompañaron a Benjamin en el cruce ilegal de la frontera carecían también de visado de salida de Francia —de lo contrario lo más probable es que se hubiesen inclinado por traspasar de manera legal esa frontera— y eran también

---

136. Cit en Capella, 1990: 115; Saletti, 2010a: 123. Agradezco a Santiago Álvarez Cantalapiedra la ayuda dispensada para acceder el texto de Capella.
137. Capella, 1990: 115.
138. Scheurmann, 1994b: 294-295.
139. Calvet, 2010: 87.
140. Calvet, 2010: 138. Algunos autores hablan, con error en las fechas, del eventual vínculo entre las medidas aplicadas y la entrevista de Franco y Hitler en Hendaya, que, sin embargo, se produjo el 23 de octubre de 1940, un mes después de los hechos que nos interesan.
141. Fry, 2008: 61.

apátridas —de no ser así no habrían sido expulsadas, al menos en primera instancia, del territorio español—.

REGRESAR POR EL MISMO CAMINO

No es evidente que haya que prestar atención a algo que, a mi entender, ha pasado, en cualquier caso, inadvertido. Aunque no está en modo alguno claro lo que la policía española indicó a los refugiados que debían hacer, alguna de las versiones sugiere que se les dijo que tenían que regresar "por el camino que habíamos hecho" —es lo que afirmó Grete Freund—, con el añadido de que debían hacerlo en la misma noche del día 25[142]. Según Freund, debían personarse en el consulado español en Perpinyà para solicitar un visado especial; de negarse, serían conducidas a un campo de concentración en Figueres para, y esto es poco creíble, a menos que se tratase de una amenaza encaminada a propiciar que retornasen inmediatamente a Francia, ser puestas a disposición de las autoridades alemanas[143].

¿Qué significaba lo de regresar por el mismo camino que habían empleado para llegar a Portbou? Una primera respuesta se asienta en algo que ya sabemos: parece que los fugitivos —o al menos Benjamin; desconocemos qué fue lo que declaró Freund— no dudaron en confesar, ante la policía española, que habían cruzado la frontera, ilegalmente, por el monte. Eso es al menos lo que señala, en lo que a Benjamin respecta, la carta de respuesta que las autoridades policiales de Figueres remitieron a Horkheimer[144]. Si asumimos la exigencia policial de forma literal, habría que interpretar que a los refugiados se les estaba conminando a retornar a Francia por el mismo trayecto que habían seguido para alcanzar Portbou. De ser así, cabría interpretar que la policía española mostraba una inesperada

---
142. Saletti, 2010a: 113.
143. Saletti, 2010a: 113.
144. Saletti, 2010a: 126.

generosidad, toda vez que deseaba evitar que los fugitivos pasasen por el control francés en Cervera, aun cuando, claro, también cabe la posibilidad de que sopesasen avisar a la gendarmería francesa de que un grupo de refugiados se aprestaba a regresar por la montaña interior. Puestos a buscar explicaciones para la conducta de la policía española, y si doy crédito al horizonte que ahora manejo, la respuesta de aquella podía obedecer también al propósito de ocultar que no controlaba el camino que discurría por la montaña. Cierto es, en suma, y en sentido contrario, que la invitación a regresar a Francia inmediatamente, y por el mismo camino, no podía entenderse como un gesto de solidaridad: la ruta seguida por Benjamin es difícilmente practicable por la noche.

Pero admitamos que lo más probable es que la decisión de las autoridades españolas acarrease, sin más, colocar a los fugitivos en el puesto fronterizo de Cervera. Eso es lo que afirma Birman cuando asevera que la guardia civil les comunicó que a la mañana siguiente de la llegada, a las diez, la policía española las acompañaría hasta la frontera francesa[145]. Obviamente estaba hablando de Cervera. Aunque su testimonio al respecto tiene un relieve menor, la versión de Koestler se ajusta a esa explicación. Koestler señala que a la mañana siguiente de la llegada de Benjamin a Portbou, cuando los guardias españoles lo fueron a buscar "para conducirlo al tren", lo encontraron muerto[146]. Según esta versión, se habría tratado de devolver a los fugitivos, en tren, a Cervera. Tampoco cabe descartar que, pese a la respuesta recibida por Horkheimer, la policía española pensase que los refugiados habían entrado por esta última localidad, que era al fin y al cabo lo que había sucedido una y otra vez hasta bien pocos días antes.

---

145. Birman, 2006: 4.
146. Cit. en Stourton, 2014: 129.

EL TEMOR A LA GESTAPO

El temor a quedar en manos de la Gestapo ronda por todos los relatos que se refieren a los últimos días de Benjamin. Antes de referirme a su carácter, fundado o no, lo suyo es que recordemos que a menudo se ha utilizado el término *Gestapo* para dar cuenta, sin más, de la condición de la policía o de los servicios secretos alemanes. La presencia de la Gestapo —emplearé con frecuencia, de cualquier modo, este nombre— como tal en la Francia de 1940 pareció ser, sin embargo, muy limitada[147]. Cierto es que la embajada alemana disponía de información sobre quiénes cruzaban la frontera, conseguida a través de sus propios servicios o, en su caso, de los mandos policiales españoles[148].

Importa, aun con todo, ofrecer una información general sobre el escenario que sirvió de trasfondo para la muerte de Benjamin. De resultas del armisticio de finales de junio de 1940, y en virtud del artículo 19 de la convención francoalemana, se preveía que fuesen entregados a las autoridades de ocupación todos los alemanes —cabe suponer que en el concepto se incluía también a los apátridas que habían sido privados de la nacionalidad alemana— que, refugiados en la zona sur de Francia, en la Francia de Vichy, fuesen reclamados por las autoridades germanas[149]. Al efecto se creó, por añadidura, la llamada comisión Kundt, en la que se daban cita funcionarios alemanes y agentes de la Gestapo encargados de examinar quiénes se encontraban en los campos de internamiento situados en la Francia de Vichy[150]. Según Marrus y Paxton, la comisión Kundt reclamó a 800 personas, la mayoría de las cuales fueron entregadas a finales de septiembre de 1940; entre ellas, llamativamente, no parecía haber ningún judío[151]. Según la versión que recoge

---

147. Stourton, 2014: 326.
148. Calvet, 2010: 111.
149. Kaspi, 1997: 135.
150. Marrus y Paxton, 1981: 108.
151. Marrus y Paxton, 1981: 108.

Peschanski, sin embargo, con arreglo a lo que rezaba el artículo 19 mencionado, y hasta la ocupación *de facto* de la zona meridional del país a finales de 1942, solo fueron entregados a las autoridades germanas, a menudo bastantes meses después, 21 refugiados políticos alemanes; otros 36 consiguieron evadirse de la prisión de Castres en septiembre de 1942[152]. No hay motivo alguno para concluir que Walter Benjamin se contaba entre los refugiados reclamados por el Reich alemán. Según una percepción de los hechos —los datos que manejan Marrus y Paxton invitan, claro, a extraer otra conclusión—, y por lo demás, en el momento en que Benjamin intentó abandonar Francia solo había sido entregado, en virtud del artículo 19 en cuestión, Herschel Grynszpan, un joven judío polaco que en 1938 había asesinado al consejero de la embajada alemana en París[153]. Las cosas como fueren, y vamos a lo importante, parece evidente que en septiembre de 1940 los judíos no eran en Francia un objetivo principal de la represión nazi, cabe suponer que más inclinada a actuar, en aquel momento, sobre opositores políticos (que podían ser, naturalmente, judíos). Cierto es que los temores de Benjamin tanto podían derivarse de su condición de judío como de la de opositor, y ello por mucho que en este caso lo más probable era que su alejamiento de toda militancia y su liviano compromiso con iniciativas precisas lo cubriesen razonablemente ante los riesgos consiguientes. Aun así, el hecho de que, tiempo después de la muerte de Benjamin, la Gestapo confiscase los papeles de este en París invita a concluir que no era tan irrelevante como en más de una ocasión doy a entender en este texto.

El 29 de agosto de 1940, y por otra parte, el embajador alemán, Abetz, comunicó a las autoridades francesas que Alemania prohibía en adelante la entrada de judíos en la parte de Francia que ocupaba. Los residentes en esta última debían ser objeto de un censo al tiempo que los negocios que hubiesen

---

152. Peschanski, 2002: 159.
153. Fry, 2008: 60.

sido abandonados tendrían que ser identificados en espera de que, para ellos, se designasen gerentes arios[154]. Según una estimación, en la zona de Vichy había en aquel momento entre 170.000 y 200.000 judíos[155]. De acuerdo con otra, en 1940-1941 unos 40.000 judíos habían cruzado a la zona de Vichy[156]. Agreguemos un dato más: si a finales de 1940 se contabilizaban unos 40.000 civiles en los campos de internamiento en la Francia de Vichy, el 70% de esas personas eran judías[157].

Un mes después, el 27 de septiembre de 1940, el día siguiente al de la muerte de Benjamin, las autoridades alemanas de la zona ocupada procedieron a definir quién era, a sus ojos, judío, al tiempo que prohibieron que los judíos que hubiesen abandonado tal zona pudiesen regresar y exigieron que los residentes en ella se inscribiesen en la subprefectura correspondiente[158]. Téngase presente que, al menos hasta mediados de 1941, el criterio principal de las autoridades alemanas consistió, al parecer, en propiciar que los judíos abandonasen la propia Alemania, los territorios por esta controlados y aquellos destinados a una posterior implantación germana. Según la versión más extendida de los hechos, solo a partir de la conferencia de Wannsee, en enero de 1942, los nazis empezaron a poner en práctica la deportación masiva de los judíos europeos, medida que empezó a desplegarse en los territorios ocupados de la Europa occidental y en la Francia de Vichy en junio de ese año[159]. Hasta mediados de 1941 los jerarcas nazis seguían considerando un escenario en virtud del cual se trataba de trasladar masivamente a las poblaciones judías a algún lugar lejano del planeta[160]. En la conclusión de Marrus y Paxton, hasta bien entrado 1941 las autoridades alemanas entendían que la Francia de Vichy era un lugar al que trasladar a los judíos residentes

---

154. Amoureux, 1961: 139.
155. Amoureux, 1961: 141.
156. Calvet, 2010: 138.
157. Marrus y Paxton, 1981: 104.
158. Marrus y Paxton, 1981: 22.
159. Marrus y Paxton, 1981: 26-27.
160. Marrus y Paxton, 1981: 27.

en la zona ocupada del norte[161]. Esto último fue, con todo, una fuente de controversias entre el gobierno de Vichy y las autoridades alemanas, toda vez que el primero no deseaba acoger a esos judíos[162]. Al calor de estas controversias el gobierno de Pétain desplegó sus propias políticas antijudías, que a menudo fueron más lejos que lo que contemplaban las avaladas por las autoridades alemanas. En la trastienda despuntaba la idea de que, comoquiera que los judíos habían desempeñado un papel preponderante en la vida pública del país, la delicada situación del momento obligaba al gobierno a "reagrupar las fuerzas francesas cuyas características vienen determinadas por una larga herencia"[163]. En un terreno próximo, no está de más recordar que en julio de 1940 las autoridades de Vichy habían entregado a los alemanes a 21 judíos que habían realizado "acciones en favor de Alemania". Fueron llamativamente devueltos sobre la base de la idea de que debía prevalecer el principio de libre elección, de tal suerte que ningún judío podía ser enviado a la fuerza por los franceses a la zona ocupada[164]. André Kaspi recuerda, en suma, que los primeros meses de la ocupación no fueron particularmente trágicos. Aunque se abrieron camino medidas discriminatorias con los judíos —un nuevo censo, leyes que colocaban a estos al margen de la nación francesa— y se verificaron detenciones, no hubo redadas masivas ni deportaciones merecedoras de tal nombre[165]. Los campos en los que acabaron bastantes personas —habían sido creados con anterioridad a 1940— no lo eran de concentración, al menos si damos a este término el trágico significado que más adelante adquirió al calor de las políticas de la Alemania hitleriana[166].

Todo lo que acabo de reseñar invita a recelar de algunas observaciones que se han formulado al calor de la muerte de

---
161. Marrus y Paxton, 1981: 28.
162. Marrus y Paxton, 1981: 30.
163. Marrus y Paxton, 1981: 34.
164. Marrus y Paxton, 1981: 33.
165. Kaspi, 1997: 97-98.
166. Kaspi, 1997: 132-133.

Walter Benjamin. Así, aunque pudiese ser cierto lo que afirma Hannah Arendt cuando señala que el gobierno de Vichy, deseoso de "complacer a la Gestapo, denegaba invariablemente a los refugiados alemanes" el visado de salida[167], no parece que en septiembre de 1940 las autoridades germanas estuviesen particularmente interesadas en estos refugiados. Tampoco parece, y en modo alguno, que la perspectiva de un regreso forzado a Francia una vez haber traspasado la frontera española tuviese como consecuencia segura, siquiera probable, acabar en manos de la Gestapo o, en general, de la policía alemana. Esto último es lo que, según Fry, pensaban, sin embargo, los Werfel[168]. Según el propio Fry, la víspera del cruce de la frontera por los Werfel un refugiado político le contó, por otra parte, que en Cervera había agentes alemanes. También Carina Birman anotó que cuando, acaso el día 26 de septiembre, volvieron a descender a Portbou y buscaron de nuevo la aduana se les sugirió que no pasasen por allí, toda vez que "unas horas antes dos grupos de refugiados habían sido detenidos y entregados a los alemanes"[169]. Frente a los riesgos que se vinculaban con la posibilidad de caer en manos de las autoridades germanas, conviene recordar lo que afirma Ronald Weber: Fry le habría recomendado a Benjamin que, en caso de no poder entrar en España, retornase sin más a Francia en procura de una nueva oportunidad[170], y ello por mucho que el regreso acarrease comúnmente reiniciar toda la operación de búsqueda de papeles legales. No olvidemos, por lo demás, que, una vez dejado atrás París en junio de 1940, Benjamin había estado en Francia durante cien días sin tener que hacer frente, hasta donde podemos saberlo, a problemas graves.

Aunque no se trata de negar la posibilidad de una presencia alemana en la frontera francoespañola y aledaños, la proximidad cronológica de la agresión germana contra Francia aconseja

---

167. Cit. en Capella, 1990: 113.
168. Fry, 2008: 11.
169. Birman, 2006: 7.
170. Weber, 2011: 64. No está clara, por lo demás, la relación de la organización de Fry con Benjamin.

concluir que esa presencia no debía ser muy fuerte y no debía haber alcanzado patrones muy severos. Sabemos que el 20 de septiembre de 1940, menos de una semana antes de la muerte de Benjamin, el prefecto de los Pirineos orientales había advertido al comisario central de que la actividad de las comisiones de control alemanas e italianas se acentuaría y le solicitaba, de resultas, medidas de vigilancia y protección[171]. Pese a que es difícil extraer ninguna conclusión firme en lo relativo a lo que esa advertencia suponía, parece servida la conclusión de que a principios del otoño de 1940 el proceso de control —¿sobre qué?— alemán se hallaba en sus cimientos. Las circunstancias eran, en otras palabras, muy diferentes de las que se abrieron camino un par de años después, cuando se estableció una zona de acceso prohibido en el lado francés de la frontera con España. En esa zona estaban incluidas, naturalmente, Banyuls y Cervera[172]. Nada de lo que acabo de anotar invita a olvidar que, por fuerza, la información que operaba en septiembre de 1940 —construida a base de retazos de hechos, de rumores y de historias personales no siempre fidedignas— sobre una persona en situación delicada como era Benjamin bien podía conducir a la conclusión de que había un riesgo palpable de acabar en manos de las autoridades policiales alemanas.

EL HOTEL

Volvamos, con todo, a Portbou. En su momento un tranquilo y pequeño pueblo de pescadores, a finales del siglo XIX experimentó una notable expansión al calor de la actividad de la estación de tren. Esta dimensión, la de un pueblo-estación[173], se ha mantenido en los hechos hasta hace bien poco: la irrupción de

---

171. Larrieu, 1994: 54.
172. Gual y Larrieu, 1996: 262 y 268.
173. Véase al respecto el relieve que corresponde a la estación en el mapa de Portbou que reproduce Hauser, 2010: 34; numerosas fotos de la localidad se encontrarán, de nuevo, en Hauser, 2010.

una nueva línea de alta velocidad, unos cuantos kilómetros hacia el interior, ha hecho que Portbou perdiese peso económico y, también, población. Conviene subrayar que en 1940 todavía eran visibles las secuelas de los bombardeos registrados durante la guerra civil española[174].

Grete Freund afirma que el día 25, como ya era tarde, se les permitió dormir esa noche, bajo vigilancia policial, en Portbou[175]. Lo mismo asevera Henny Gurland[176]. Birman subraya que fueron obligados a pernoctar en un lugar preciso, en lo que se antojaba un procedimiento que debía permitir un control policial más estrecho[177]. Gurland habla al respecto de tres policías apostados en el hotel[178], en tanto Birman se refiere a un "hotel especial de la policía"[179]. La Fonda de Francia —a veces se habla del Hotel de Francia, que es, en cualquier caso, el nombre que se recoge en el membrete de la factura que da cuenta de los gastos generados por Benjamin[180], y que es el término que emplearé en adelante— era regentada por Juan Suñer, quien, al parecer, y a tono con lo dicho, mantenía relaciones muy estrechas con la policía española y, en su caso, con los agentes de la Gestapo que habrían operado en Portbou[181].

A Benjamin se le asignó una habitación individual, la número 4, del segundo piso del Hotel de Francia, un cuarto situado en la parte posterior del edificio. Según Birman, a la señora Gurland y a su hijo se les colocó en otra habitación, a ella misma y a Sophie Lippman en una tercera, y a Dele Birman y Grete Freund en la cuarta[182]. El establecimiento, situado en lo que hoy es la calle del Mar número 7 en un edificio que databa de 1909, fue después rebautizado como Hotel Internacional para, más

---

174. Gubert i Macias, 1990; Gubert i Macias, 2000. La destrucción puede palparse en una foto que se reproduce en Scheurmann y Scheurmann, 1994a: 106.
175. Saletti, 2010a: 113.
176. Saletti, 2010a: 114-115.
177. Birman, 2006: 4.
178. Saletti, 2010a: 115.
179. Birman, 2006: 4.
180. Scheurmann, 1994b: 304.
181. Saletti, 2010a: 103.
182. Birman, 2006: 4.

adelante, acoger el restaurante Casa Alejandro y, luego, convertirse en un edificio de viviendas particulares[183]. Vancells afirma, de cualquier modo, que el edificio que vemos hoy no es el que existía en 1940, que fue derribado en su momento[184]. Si hacemos caso de la factura librada por el hotel, Benjamin cenó en este la noche de su llegada[185]. Carina Birman sostiene, por otra parte, que en esa misma noche ella y sus compañeras de huida sopesaron la posibilidad de sobornar a los policías españoles. Al respecto parece que hablaron con Suñer, quien les habría respondido que deberían aguardar a que, a partir de las diez de la mañana del día siguiente, llegase el máximo responsable policial[186].

LAS ÚLTIMAS HORAS

A pesar de que Benjamin tenía solo 48 años, ya sabemos que había envejecido visiblemente. El "viejo Benjamin", lo llama repetidas veces Lisa Fittko. Conforme a la carta que la Comisaría de Investigación y Vigilancia de la Frontera Oriental, en Figueres, remitió a Horkheimer el 30 de octubre de 1940, Benjamin declaró en Portbou que el día 25 había padecido una insolación y estaba muy débil[187]. Parece, pues, que se encontraba mal antes de llegar al Hotel de Francia. Si nos guiamos por la carta mencionada, está servida la conclusión de que en la misma noche del día 25 fue visitado, por primera vez, por un médico[188]. Tal conclusión no puede ser sino dubitativa: no la confirma ninguno de los testigos, excepto Grete Freund, cuyo testimonio no es, sin embargo, concluyente, toda vez que, tal y como yo lo interpreto, aunque señala que al percatarse del estado de Benjamin

---
183. Saletti, 2010a: 140-141.
184. Véase el capítulo titulado "Estiu del 1994. Casa Alejandro. Especialitat en paelles" en Vancells, 2022.
185. Scheurmann, 1994b: 280.
186. Birman, 2006: 5.
187. Saletti, 2010a: 126.
188. Saletti, 2010a: 103.

llamaron "inmediatamente" a un médico, no queda claro si ello ocurrió en la noche del 25 o a primera hora del 26; esta última posibilidad no es en modo alguno desdeñable, toda vez que Freund apostilla que cuando el médico llegó Benjamin había entrado ya en coma, para aseverar a continuación que murió "esa misma tarde"[189]. No olvidemos que la carta de las autoridades policiales españolas sostiene que el médico de Portbou le diagnosticó una congestión cerebral y un catarro bronquial, por lo que debía guardar cama[190].

En esa misma noche, y según Corina Birman, Lippman escuchó un ruido en la habitación de Benjamin y la propia Birman penetró en esta. "Cuando entré en la habitación encontré al profesor Benjamin en un desolador estado psicológico y físicamente exhausto. Me dijo que en modo alguno volvería a la frontera o saldría del hotel. Cuando le señalé que no había otra posibilidad, me respondió que sí que la había. Me dio a entender que tenía unas pastillas muy eficaces. Estaba tumbado, semidesnudo, en su cama. Tenía en la mesilla un bellísimo, enorme y antiguo reloj de oro con la tapa abierta y lo miraba constantemente"[191]. Birman le pidió a Benjamin que recapacitase y que aguardase a saber cómo prosperaba el intento de soborno de la policía que ella y sus compañeras estaban acometiendo. Grete Freund coincide en la afirmación de que Benjamin no tenía intención alguna de regresar a Francia[192].

Con arreglo a un relato de los hechos, en la noche del 25 al 26 Benjamin habría ingerido las sustancias que, siempre según la tesis del suicidio, lo habrían llevado a la muerte. Esto es lo que aducen tanto Freund como Gurland en las cartas escritas en Lisboa un par de semanas después. Freund escribe: "Parece que aquella misma noche había tomado unos estupefacientes (una fuerte dosis de morfina), de tal forma que cuando hicimos

---
189. Saletti, 2010a: 114.
190. Saletti, 2010a: 126.
191. Birman, 2006: 5.
192. Saletti, 2010a: 113.

venir, inmediatamente, al médico el señor Benjamin ya no era transportable y había entrado en coma"[193]. Gurland, por su parte, asevera lo que sigue: "A la mañana siguiente [la del día 26], hacia las siete, la señora Lippman subió para avisarme de que Benjamin me había llamado. Este me confesó que la víspera por la noche, hacia las diez, había ingerido grandes cantidades de morfina y que yo debía tratar de presentar el asunto como una enfermedad. Me entregó una carta para mí y para Th. W. Adorno. Luego perdió el conocimiento. Llamé a un médico que diagnosticó un ataque de apoplejía y declinó cualquier responsabilidad en relación con un posible traslado de Benjamin a un hospital, es decir, a Figueres, tal como imploraba yo con insistencia, dado que Benjamin estaba ya al borde de la muerte"[194]. La historia es inequívocamente confusa. Ingrid Scheurmann se pregunta cómo es posible que alguien que había tomado nueve horas antes una dosis considerable de morfina y que estaba al borde de la muerte pudiese mantener una conversación de esa naturaleza. Y se pregunta también por qué Gurland no se refiere a la primera visita del médico, la presumible del día anterior[195]. Scheurmann recuerda, por otra parte, que, según el relato de Joseph Gurland, su madre estuvo todo el día con Benjamin y agrega que el médico acudió a ver al paciente y recetó un fármaco que el propio Joseph adquirió en una farmacia. Si nos ajustamos a este relato, razona Scheurmann, el día 26 el médico habría visitado a Benjamin en dos ocasiones: la mencionada y una, posterior, para certificar el fallecimiento[196]. Nada sabemos, por lo demás, de cómo fueron las últimas horas de Benjamin: plácidas y tranquilas —como las intuye Cano Gaviria, quien da por descontado que Benjamin estaba lúcido y fuerte en Portbou, de tal manera que decidió fría y racionalmente suicidarse—, o, por el contrario, tensas y cargadas de sufrimiento.

---

193. Saletti, 2010a: 114.
194. Scholem, 2014: 337.
195. Scheurmann, 1994b: 283.
196. Scheurmann, 1994b: 283.

En las mismas horas en que Benjamin entraba en agonía Hitler parecía sopesar seriamente la perspectiva de *enganchar* a la Francia de Vichy al aparato militar alemán, volcando buena parte de la acción de este, no ya en una eventual invasión de Inglaterra, sino en ambiciosas operaciones en el Mediterráneo[197]. Conforme a la entrevista que Hitler mantuvo con Raeder el 26 de septiembre, este último mar debía convertirse en núcleo principal de la estrategia militar germana[198].

EL MÉDICO (O LOS MÉDICOS)

El doctor que trató a Benjamin se llamaba Ramón Vila Moreno. Acaso —ya hemos enunciado cautelas al respecto— fue convocado en la tarde-noche del día de llegada a Portbou, el 25 de septiembre[199]. Ya he señalado las dudas en lo que hace al relato de Grete Freund al respecto. Gurland sostiene, en cualquier caso, que se le llamó, cabe suponer que por vez primera, la mañana siguiente. El hecho de que, según la diligencia judicial, el médico hubiese visitado "todos los días" al paciente parece dar la razón a la versión recogida en la carta de la policía española y, tal vez, a la de Freund: la inferencia lógica es que estuvo con Benjamin los días 25, 26 —dos veces— y —ya muerto este— 27, no en vano de lo contrario la afirmación esperable habría sido que visitó a este "los dos días"[200].

En la factura que Vila Moreno emitió con posterioridad, el 28 de septiembre, se habla de "cuatro visitas, con inyecciones, toma de presión arterial y sangría"[201]. Esta última, sugiere

---

197. Paxton, 2002: 85-86.
198. Hauner, 2008: 157.
199. Scheurmann, 1994b: 281.
200. Scheurmann, 1994b: 281, 294 y 303. Claro que también es posible imaginar tres visitas el día 26, y ninguna el 27; en este caso, ciertamente, tampoco tendría sentido el empleo de la expresión "todos los días". Otorgar un crédito pleno a estas fórmulas sería, de cualquier modo, un error. No olvidemos que según la diligencia judicial Suñer habría sostenido, frente a toda evidencia, que Benjamin había llegado de Francia "hacía ya algunos días"; véase Scheurmann, 1994b: 294.
201. Scheurmann, 1994b: 303.

Ingrid Scheurmann, habría obedecido al propósito de conseguir que a Benjamin le bajase la tensión. Es sorprendente, de todas formas —prosigue Scheurmann—, que, si Benjamin había ingerido la morfina, el médico no se percatase de los síntomas correspondientes. Aunque también es imaginable que con ocasión de la primera visita del médico —la, posible, de la tarde-noche del día 25— Benjamin todavía no hubiese tomado la morfina —el médico habría sido requerido, entonces, de resultas del mal estado en que el paciente había llegado a Portbou—, de tal manera que en la siguiente, la mañana posterior, el facultativo no acertase a interpretar los cambios derivados de la ingestión de aquella por la noche, reseñada tanto por Gurland como por Freund[202]. Scheurmann se pregunta si es imaginable que Benjamin, en el estado en que se encontraba, tardase 24 horas —o poco menos— en morir tras haber tomado la morfina, aun cuando queda abierta la posibilidad de que no hubiese ingerido todas las pastillas que llevaba[203]. No se olvide que el registro funerario de Portbou señala que la muerte de Benjamin se produjo a las 22:00 del día 26 de septiembre. Es lo que afirma también la carta que la Comisaría de Investigación y Vigilancia de la Frontera Oriental, en Figueres, envió a Horkheimer el 30 de octubre[204]. El juez Fernando Pastor Nieto fue informado del óbito, por el propietario del hotel, a las 22:35, acudió al lugar del fallecimiento y encontró a Benjamin vestido, tumbado en la cama[205]. Scheurmann concluye que hay que dar crédito a esa hora, las 22:00, como la de la muerte, toda vez que no hay ningún motivo para sugerir que quienes acompañaban a Benjamin tuviesen algún interés en ocultar que el fallecimiento se había

---

202. Scheurmann, 1994b: 276.
203. Scheurmann, 1994b: 282.
204. Saletti, 2010a: 126. Grete Freund trasmitió al respecto de la fecha de los hechos una información que no queda más remedio que concluir que era equivocada: sostuvo que el día de la llegada a Portbou fue un lunes, y que Benjamin se suicidó el martes por la tarde, para ser enterrado el miércoles. El 24 de septiembre, cuando se inician los hechos que nos interesan en Banyuls, era, sin embargo, un martes. Carta de Grete Freund a H. Kasten, 30 de septiembre de 1940; véase Scheurmann, 1994a: 114.
205. Scheurmann, 1994b: 282.

producido antes[206]. No olvidemos que Birman sostiene que el mismo día 26 —cabe suponer— un cura y una veintena de monaguillos entraron en la fonda cuando ella y sus compañeras cenaban en espera del tren nocturno que debía llevarlas a Barcelona[207]. No he podido llegar a ninguna conclusión firme en lo que se refiere al horario de ese tren. El Archivo Histórico Ferroviario situado en Madrid no acoge ningún libro de horarios correspondiente al año 1940 (lo único que hay es un pequeño folleto que solo incluye grandes líneas y que, en cualquier caso, no menciona Portbou). Sí que hay, en cambio, un libro relativo a 1942. Desde el 15 de enero de este último año parecían operar tres trenes diarios entre Portbou y Barcelona: si uno de ellos salía a las 14:50 y llegaba a la ciudad condal a las 20:20, otro partía a las 15:50 y arribaba a Barcelona a las 19:30. Pero había un tercer tren que es, acaso, el que nos interesa: dejaba Portbou a las 4:20 de la madrugada y alcanzaba Barcelona a las 9:00[208]. Un horario tan tardío, o tan temprano, podía justificar que el señor Suñer, el responsable del Hotel de Francia, ofreciese habitaciones a las cuatro fugitivas (y una opípara cena)[209]. Las cosas como fueren, si las cuatro mujeres tenían que aguardar hasta las cuatro de la mañana, salta a la vista que el margen horario para situar la llegada del sacerdote y los monaguillos es muy amplio, de tal suerte que el cura tanto pudo acudir al hotel para darle la extremaunción a un Benjamin que todavía vivía, como personarse porque nuestro hombre ya había fallecido.

Scheurmann inquiere, por otra parte, cómo es posible que el médico señalase, como causa de la muerte, una hemorragia cerebral y no se percatase de los efectos de la ingestión de un estupefaciente, pese a que también es verdad que, en sentido contrario, el fallecimiento por "hemorragia

---

206. Scheurmann, 1994b: 282.
207. Birman, 2006: 9.
208. VV.AA., 1942: 73 y 70. Debo agradecer la amabilidad y la eficacia de los encargados del archivo ferroviario mencionado.
209. Birman, 2006: 9.

cerebral" es, al parecer, una de las consecuencias posibles de la ingestión masiva de morfina[210], con lo que, y no sin paradoja —interpreto yo—, el médico habría acertado, al menos, en su diagnóstico final, aunque sin considerar en modo alguno las causas de lo ocurrido[211]. Agrega Scheurmann que no es posible saber si Vila Moreno tuvo ocasión de ver la radiografía que Benjamin llevaba consigo. Joseph, el hijo de la señora Gurland, que no atesoraba sino recuerdos muy fragmentarios, afirmó en 1981 que no tenía claro si el médico no se dio cuenta de lo que ocurría o si, por el contrario, actuó por piedad o por conveniencia[212]. Lo cierto, de cualquier modo, es que en la fecha del óbito nadie pareció dudar —cabe suponer que al margen de quienes después declararon saber que Benjamin había ingerido morfina— de que se había producido una muerte natural. Scheurmann sugiere, por otra parte, que acaso Vila Moreno pensó que Benjamin era también médico —el doctor B. Walter—, de tal suerte que prefirió ocultar el suicidio y, acaso, si bien esto se antoja poco probable, se llevó las pastillas de morfina que no habían sido ingeridas por su paciente[213]. Otra posibilidad —parece que la realidad fue, con todo, distinta— es que el médico sintiese alguna simpatía por la causa de un alemán fugitivo y, de resultas, se hubiese inclinado por ocultar el suicidio[214], que, no se olvide, en la España de aquel momento era un delito que reclamaba la intervención de la guardia civil y del juez.

En el documento *Quién mató a Walter Benjamin* se señala, con todo, que a Benjamin lo trataron en realidad dos médicos.

---

210. Scheurmann, 1994b: 284.
211. A los ojos de Vancells (2022: capítulo titulado "La malaltia de Walter Benjamin"), cuando Vila Moreno "comprobó que la sangría no tenía el efecto esperado, administró morfina con la intención de limitar la dificultad respiratoria. Esta circunstancia pone en evidencia de forma aún más clara que la causa de la muerte no fue una sobredosis de morfina. Por otro lado, el diagnóstico de hemorragia cerebral es poco fiable, toda vez que no se corresponde con los síntomas clínicos del enfermo, además de reforzar la tesis del suicidio. Pero ni el suicidio por ingestión de morfina ni la hemorragia cerebral explicarían la agonía de Benjamin".
212. Scheurmann, 1994b: 282.
213. Scheurmann, 1994b: 276.
214. Scheurmann, 1994b: 282.

Según esta versión de los hechos, Vila Moreno pasaba los jueves en Figueres, con lo que no pudo atender a Benjamin el día de su muerte. Eso habría implicado el concurso de un segundo médico —¿por qué no hay, sin embargo, rastro de una factura de sus servicios?—, de nombre Pedro Gorgot, al parecer responsable local de la Falange y bien relacionado con la Gestapo alemana[215]. No hace falta agregar que los testigos locales de los hechos que pudieran aportar alguna información relevante hace mucho tiempo que fallecieron: Suñer murió en 1981, Vila Moreno en 1962, Freixa —el cura— en 1949 y Gorgot en 1972[216].

¿CÓMO MURIÓ WALTER BENJAMIN?

Ya he adelantado algún elemento de la disputa que ahora me va a ocupar: la relativa a cómo murió Walter Benjamin. Al respecto se hacen valer tres horizontes evidentes: suicidio, muerte natural y asesinato. Como veremos, aunque en provecho de ninguna de esas tres posibilidades puede aportarse una argumentación plenamente convincente, la primera es la que de mayor crédito disfruta.

1. En lo que al suicidio respecta, hay que subrayar que un puñado de datos relevantes obliga a prestar atención a esta posibilidad. Si, por un lado, y como ya sabemos, Benjamin arrastraba tendencias suicidas, disponía, por añadidura, de un procedimiento para quitarse la vida —unas píldoras de morfina—, había observado cómo su horizonte vital se había ido cerrando en los años anteriores y habría escrito, en suma, alguna carta de despedida. Para que nada faltase, cabe suponer que había pasado por el mal trance de un agotador cruce de frontera, al que acaso había que añadir los kilómetros recorridos a pie

---
215. Mauas, 2005.
216. Huete, 2005: 38.

entre Port-Vendres y Banyuls el día 24. No tiene un relieve menor el hecho de que Benjamin, por lógica, apenas hubiese disfrutado de la oportunidad de dormir, al raso, la noche anterior a la de su llegada a Portbou (y tal vez, y por añadidura, las dos precedentes: la del día del viaje de Marsella a Perpinyà y la de la noche pasada, presumiblemente, en Port-Vendres). El panorama de desgracias se habría cerrado cuando, ya en Portbou, pensó que el suplicio había acabado y se encontró con que, en virtud de la reacción de la policía española, todo empezaba de nuevo.

Tanto Carina Birman como Grete Freund[217] señalan que en la misma noche de la llegada a Portbou se hizo evidente que Benjamin en modo alguno aceptaba regresar a Francia. Gurland afirma que había tomado morfina la noche de la arribada a Portbou[218]. Birman —ya lo he señalado— sostiene que declaró poseer unas pastillas muy eficaces[219]. La propia Freund asevera que Benjamin ingirió las pastillas de morfina en la noche mencionada[220]. Agreguemos el testimonio de Joseph Gurland: "Nunca albergué ninguna duda de que Benjamin se había dado muerte, haciendo así posible que prosiguiera nuestro viaje —y el de las otras señoras— y, a fin de cuentas, probablemente salvando nuestras vidas. Estoy seguro de que entonces fue esencial para todos nosotros ocultar a la policía el acto del suicidio"[221]. Según Adorno, en suma, en la mañana del 26 de septiembre Benjamin se opuso a recibir ningún tratamiento que intentase hacer frente a lo que le ocurría[222]. Queda, sin embargo, la duda de si todas las personas mencionadas no pudieron equivocarse e interpretar que Benjamin murió por haber tomado unas pastillas que a la postre no ingirió o que, en su caso, no provocaron su muerte. Ingrid Scheurmann subraya que, al fin y al cabo, la palabra *suicidio* no se menciona, pese a lo que pudiera parecer,

---

217. Birman, 2006: 5; Saletti, 2010a: 113.
218. Saletti, 2010a: 103.
219. Birman, 2006: 5.
220. Saletti, 2010a: 114.
221. Rolf Tiedemann, en *El País*, 20 de septiembre de 1990, cit. en Luelmo, 2009: 12.
222. Cit. en Cussó-Ferrer, 1994b: 73.

en los textos redactados en Lisboa por Gurland y Freund. Esos textos señalan, sin más, que Benjamin ingirió morfina[223]. Se revela, sin embargo, como "una idea" posible en la versión de los hechos ofrecida por Birman[224]. En sentido diferente cabe preguntarse por qué, de no haberse suicidado Benjamin, y más allá de una eventual confusión, habrían inventado sus compañeros que lo habría hecho.

De dar crédito a la tesis del suicidio, cabe suponer que lo que ingirió Benjamin fue Eukodal, un derivado de la morfina que tuvo cierta presencia en la década de 1930. Consta que Benjamin lo había tomado en 1931. Entre los síntomas de la ingestión se contaban enrojecimiento del rostro y sensación de calor, agotamiento, aturdimiento, vértigos, sequedad en la boca, inteligencia confusa y somnolencia. Si la dosis era alta, las señales tenían un carácter más agudo: pérdida de la conciencia y de los reflejos, relajación muscular, mandíbula caída, miosis intensa, piel cianótica, descenso de la temperatura, respiración irregular, pulso lento, retroceso de la presión arterial y, en fin, parálisis respiratoria.

Apostillaré que en septiembre de 1940 se habían hecho valer, de resultas de la presión nazi, suicidios de personas relevantes. Michael Taussig nos recuerda varios casos: el del novelista checo Ernst Weiss, quien en junio de 1940 ingirió un veneno cuando el ejército alemán entraba en París; el del dramaturgo germano Walter Hasenclever, quien, de nuevo en junio de 1940, se quitó la vida en el campo de concentración de Les Milles, cerca de Marsella; el de Carl Einstein, colaborador de Georges Bataille en la revista *Documents*, quien en julio del mismo año se colgó en la frontera francoespañola, o el del dirigente sindical Willy Muenzenberg, quien se suicidó en Grenoble[225].

---

223. Scheurmann, 1994b: 283.
224. Birman, 2006: 5.
225. Taussig, 2006: 12-13; Fry, 2008: 315, 318 y 338.

2. La de la muerte natural es la versión oficial que acogieron las diferentes autoridades españolas. Vila Moreno, el médico, se refirió al efecto a una "hemorragia cerebral"[226]. El registro municipal de fallecimientos repite la misma fórmula[227]. Ya he apuntado la existencia de diferentes explicaciones para dar cuenta de la conducta del médico que trató a Benjamin. Entre ellas se encuentran la de que no se percató de que se había producido un suicidio y la de que actuó con cierta piedad o, eventualmente, guiado por una posible sintonía ideológica con el fallecido. Cierto es que el criterio abrazado por el médico podía no obedecer al objetivo de ocultar un suicidio, sino al de hacer otro tanto con un asesinato. Conforme a esta visión, muy discutible habida cuenta de las circunstancias del momento, de reconocerse un suicidio se habría abierto camino una investigación que habría podido conducir a la identificación de un asesinato. No olvidemos, por lo demás, que en el momento en que los hechos se registraron ninguno de los refugiados que acompañaron a Benjamin en sus últimas horas recurrió a la tesis del suicidio o hizo mención, en su defecto, de la ingestión de morfina: a los compañeros de Benjamin les interesaba que las autoridades locales acatasen una tesis, la de la muerte natural, con la que ellos mismos se evitaban problemas. Aun así, y aunque esta perspectiva parece poco creíble, no conviene descartar por completo la posibilidad de una muerte natural: sin aliento, extenuado por lo ocurrido en las jornadas anteriores, Benjamin podría haber ingerido algunas de las pastillas de morfina para aliviar su sufrimiento y habría fallecido de resultas, no de una ingestión masiva de aquellas —no de un suicidio—, sino, antes bien, del esfuerzo realizado en la operación de cruce clandestino de la frontera.

El 5 de enero de 1972 Juan Suñer y Eva Raffegeau, quienes regentaban el Hotel de Francia en 1940, declararon recordar la

---
226. Saletti, 2010b: 154.
227. Scheurmann, 1994a: 106.

muerte de un señor alemán, en el buen entendido de que no parecían poder identificarlo por su nombre. Su recuerdo era vivo por cuanto, según su testimonio, fue la única persona que falleció en un establecimiento que dirigiesen a lo largo de su vida como hosteleros. Suñer y Raffegeau rechazaron, en cualquier caso, que Benjamin hubiera podido suicidarse[228].

3. No hay ningún dato sólido que invite a concluir que Benjamin fue asesinado. Y, sin embargo, conviene no dejar en el olvido que un asesinato fue posible. Digamos, por lo pronto, que si asesinaron a Benjamin, ni Gurland ni las otras mujeres tenían por qué saberlo. En el documental *Quién mató a Walter Benjamin* se señala que el médico —en su caso los médicos— que trató a Benjamin mantenía buena relación con los miembros de la Gestapo que podían estar radicados en Portbou[229]. Aunque la información al respecto no parece concluyente, lo más probable es que la Gestapo, o la policía alemana, tuviese en efecto alguna presencia en la localidad catalana en septiembre de 1940. Los agentes germanos habrían frecuentado, por otra parte, el hotel en el que Benjamin falleció[230]. Se ha hablado también, en fin, de una buena relación entre el propietario del Hotel de Francia, Juan Suñer, la policía española y, acaso, la policía alemana[231]. A las sugerencias de que todo lo anterior podría haberse traducido, por intermedio del médico, en un asesinato de Benjamin se suma algún dato circunstancial más. Así, Capella concluye que es difícil imaginar que, nueve horas después de haber tomado la morfina —vuelvo sobre un argumento que ya me ha atraído—, Benjamin pudiese impartir instrucciones verbales a la señora Gurland[232], algo que movería sibilinamente el carro de la hipótesis del asesinato de la mano de la sugerencia de que, o no habría ingerido

---

228. Capella, 1990: 110.
229. Mauas, 2005.
230. Costa, 1990: 350-351. No sé si los archivos alemanes, de existir, podrán arrojar luz fidedigna al respecto.
231. Saletti, 2010b: 154.
232. Capella, 1990: 116.

la morfina o habría tomado una cantidad menor de esta, de tal suerte que la muerte le habría sobrevenido, después, y por ejemplo, de resultas de una inyección practicada por alguno de los médicos.

No es un problema menor para esta explicación el hecho de que Benjamin —hay que repetirlo cuantas veces sea preciso— no era una figura particularmente relevante en 1940. ¿Por qué asesinar a Benjamin cuando, unos pocos días antes, habían cruzado la frontera Heinrich Mann o Lion Feuchtwanger, quienes se hallaban, a diferencia de Benjamin, en la primera lista de personalidades a las que, en 1933, se les privó de la nacionalidad alemana[233] y que a buen seguro eran figuras públicas mucho más conocidas? Aunque también es verdad, para decirlo todo, que ni Mann ni Feuchtwanger pasaron por las manos del médico o de los médicos que trataron a Benjamin. A la luz de los errores que se revelaron en el informe de la Gestapo que justificaba la retirada de la nacionalidad alemana a Benjamin, Ingrid Scheurmann ha concluido, una vez más, que este último no era una figura particularmente relevante a los ojos de las autoridades policiales germanas, de tal suerte que la retirada de nacionalidad mencionada tuvo cierta dimensión de rutina burocrática[234]. La privación de la nacionalidad fue, por lo demás, un procedimiento relativamente habitual en la Alemania de la segunda mitad de la década de 1930[235]. No hay ningún dato relevante que avale, en fin, la especulación, promovida por el periodista Stephen Schwartz[236], de que Benjamin fue asesinado por un agente soviético[237].

---

233. Scheurmann, 1994a: 81.
234. Scheurmann, 1994a: 97; Fuld, 1990: 256 e ilustración 13.
235. Fuld, 1990: 255.
236. Jeffries, 2001; Rothstein, 2001.
237. Stourton, 2014: 129.

EL MENSAJE DIRIGIDO A ADORNO

La discusión sobre cómo murió Benjamin, y en particular la tesis del suicidio, tiene, con todo, un hito más en un mensaje que el fallecido habría entregado a Henny Gurland y habría tenido como destinatario a Adorno. La señora Gurland lo habría conservado de memoria para reescribirlo más tarde. El mensaje, redactado en francés, dice así: "En una situación sin salida no me queda otro remedio que acabar. Mi vida va a terminar en un pequeño pueblo en los Pirineos en donde nadie me conoce. Le ruego transmita mis pensamientos a mi amigo Adorno y le explique la situación a la que me veo sometido. No tengo tiempo para escribir todas las cartas que me hubiese gustado"[238].

Gurland aduce que destruyó el mensaje dirigido a Adorno por Benjamin: "Se trataba" —anotó después— "de cinco líneas en las que afirmaba que él, Benjamin, ya no podía más, que no veía salida alguna y que esperaba que se lo explicase a Adorno, así como a su hijo Stefan"[239], quien por cierto no aparece mencionado después de la operación de reescritura[240]. No consta, por lo demás, que Benjamin escribiese a su exmujer ni a ninguna de sus amantes de otrora. Recuérdese que en 1932, al amparo del intento de suicidio, no consumado, en Niza, había redactado cuatro cartas de despedida dirigidas a Jula Cohn, Ernst Schoen, Franz Hessel y los Wissing[241]. Hay que preguntarse, en fin, por qué Henny Gurland destruyó un mensaje que no parecía particularmente comprometedor, aunque, ciertamente, confirmaba la hipótesis del suicidio.

Hans Mayer se refiere, por su parte, a una postal escrita con letra menuda por Benjamin y enviada desde Portbou a la señora Favez, su mentora en la delegación ginebrina del Instituto, a donde habría llegado, al parecer, con mucho retraso

---

238. Benjamin, 2000b: 483.
239. Cit. en Scholem, 2014: 338.
240. Eva Weissweiler, quien cita a Scholem, señala que Benjamin habría escrito, sin embargo, una carta dirigida a su hijo Stefan, una carta que cabe entender habría sido destruida también por la señora Gurland; véase Weissweiler, 2021: 15.
241. Lacoste, 2005: 277.

(comoquiera que la comunicación directa con el Instituto en Nueva York era a menudo difícil, Benjamin se servía de la señora Favez como intermediaria[242]). El mismo Mayer, que confesó haber visto la postal, declaró ignorar, sin embargo, su paradero. Agrega Meyer que preguntó por ella a Horkheimer y Adorno sin encontrar ninguna información[243]. Curioso es que tanto ese texto como el transmitido por Henny Gurland hayan desaparecido. En el archivo de Adorno solo se conserva, en cualquier caso, el texto manuscrito de la señora Gurland[244].

Alguna relación con lo que ahora me atrae tienen las cuatro llamadas telefónicas que, según la factura emitida por el Hotel de Francia, Benjamin habría realizado en las últimas horas de su vida. ¿Realmente existieron? ¿Fueron cuatro? ¿O el hotel decidió cargarlas interesadamente? Por lo demás, ¿eran llamadas que tenían el propósito de despedirse de alguien o, por el contrario, respondían al objetivo de encontrar alguna salida en una situación delicada? Se supone, aun con todo, que una de esas llamadas —tal vez más de una— lo fue al consulado norteamericano en Barcelona, en relación con el cual, y según Grete Freund, Benjamin era portador de una recomendación personal[245]. La propia Freund señala que el consulado se negó a intervenir por cuanto Benjamin no era un ciudadano estadounidense[246]. Lo mismo afirma Henny Gurland[247]. Si esa llamada se produjo, cabe concluir que Benjamin no tenía la firme decisión de suicidarse, sino que, antes bien, procuraba alguna salida *terrenal* a su situación[248]. Agreguemos que Birman aduce, sin mayores especificaciones, que en la noche del 25 se pidió ayuda, por teléfono, a "todo tipo de personalidades"[249].

---

242. Tiedemann, s.d.
243. Mayer, 1992: 94.
244. Adorno y Benjamin, 2006: 391.
245. Saletti, 2010a: 113.
246. Saletti, 2010a: 114.
247. Saletti, 2010a: 123.
248. Tackels, 2013: 642.
249. Birman, 2006: 5.

LAS CEREMONIAS RELIGIOSAS Y EL ENTIERRO

La señora Gurland afirma que pasó un día entero —cabe suponer que el 26 de septiembre, con Benjamin moribundo— con la policía, con el alcalde y con el juez, que encontraron una carta a los dominicos, de contenido desconocido, que el propio Benjamin llevaba consigo[250]. Hubo de buscar al cura y estuvo rezando con él, de rodillas, durante una hora[251]. Según cuenta Rolf Tiedemann, el hijo de Henny Gurland, Joseph, "vio a un sacerdote católico con todos sus ornamentos apresurarse a la fonda, acompañado por uno o dos monaguillos que hacían sonar la campanilla. La señora Gurland le contó más tarde a su hijo que fue una suerte conocer lo suficiente del ritual católico como para poder tomar parte en la ceremonia de la extremaunción. Para su madre, según la impresión que sacó el joven Gurland, era extraordinariamente importante haberse ganado el apoyo del sacerdote"[252]. Como ya sabemos, Birman sostiene que cuando, en la tarde/noche del 26 —supongo yo—, habían regresado de la frontera y estaban cenando en el hotel, aguardando para subir al tren de Barcelona, entró un sacerdote en cabeza de una procesión de una veintena de monaguillos que entonaban un canto religioso y llevaban, cada uno de ellos, una vela. Según el relato de Birman, cruzaron el comedor y subieron al piso superior[253]. Si nos atenemos al número de monaguillos, no parece que la escena relatada por Joseph Gurland sea la misma que la que refiere la señora Birman. Como ya he sugerido, el sacerdote pudo acudir dos veces: una para darle la extremaunción a Benjamin y otra cuando este ya había fallecido. Las cosas como fueren, se diluía el riesgo de que las autoridades locales pensasen que la muerte de Benjamin había sido un suicidio.

La carta a los dominicos habría inducido a las autoridades locales a concluir que Benjamin era católico, algo que se habría

---

250. Saletti, 2010a: 123.
251. Cit. en Schole, 2014: 337; Scheurmann, 1994b: 280.
252. *El País*, 20 de septiembre de 1990, cit. en Luelmo, 2009: 11.
253. Birman, 2006: 9.

visto refrendado por la confusión generada por la inversión del nombre y del apellido del afectado. Téngase presente que los documentos españoles, a buen seguro que por error, hablan de Benjamín Walter o, sin más, del señor Walter[254]. En cualquier caso, a Benjamin se le dio la extremaunción, se le cantó una misa —a las tres de la tarde del día 27, según Grete Freund[255]; el día 28, según otra versión[256]—, su cuerpo fue acompañado al cementerio por un sacerdote —en el documental *Quién mató a Walter Benjamin* uno de los testigos del paso del cortejo señala que el muerto iba tapado con una manta y que el brazo se le caía, con lo que quienes lo transportaban tenían que detenerse para reintroducir el brazo y proseguir camino[257]— y fue enterrado, el 28 de septiembre, en la parte católica de ese cementerio[258]. Parece que las autoridades dispusieron un enterramiento de tal forma que, en la eventualidad de que alguien llegase de Alemania para trasladar el cuerpo, la operación fuese sencilla. A ese objetivo debía obedecer también la decisión, infrecuente, de agregar una foto de Benjamin al expediente correspondiente[259], sin que pueda establecerse si la foto en cuestión la llevaba consigo el propio Benjamin o si, por el contrario, le había sido hecha por la policía española[260]; mucho más probable se antoja lo primero, habida cuenta del aspecto trajeado, y aparentemente tranquilo, que muestra Benjamin[261]. Cierto es que la decisión de adjuntar una foto podía responder también a eventuales dudas en lo que se refiere a la credibilidad de la documentación del fallecido[262].

Benjamin fue enterrado en el nicho 563 de la parte católica del cementerio de Portbou[263]. El alquiler del nicho, por cinco

---

254. Scheurmann, 1994b: 277 y 280.
255. Saletti, 2010a: 114.
256. Scheurmann, 1994b: 287.
257. Mauas, 2005.
258. Scheurmann, 1994b: 284-285; Hauser, 2010: 63.
259. Scheurmann, 1994b: 284.
260. Scheurmann, 1994b: 284.
261. Véase Brodersen, 1997: 255.
262. Capella, 1990: 109.
263. Scheurmann, 1994a: 108.

años[264], expiró el 20 de diciembre de 1945[265], con lo que el cuerpo de Benjamin fue arrojado a una fosa común. El nicho mencionado fue adquirido por la familia Morell i Guillaumes, que lo fusionó con otro[266]. Aunque la señora Gurland afirma que fue ella la que, con el dinero de Benjamin, alquiló el nicho, la documentación oficial invita a concluir que el alquiler en cuestión se produjo por gestión del juez local, quien ordenó se cambiase en la sucursal del Banco de España el dinero de Benjamin[267]. Cussó-Ferrer aporta, por lo demás, una explicación detallada de lo ocurrido con la tumba de Benjamin, que deshace los muchos equívocos al respecto[268]. Hannah Arendt no encontró la tumba en octubre de 1940 —tengo dudas sobre esta fecha—, pocas semanas después de la muerte de Benjamin. Probablemente sus dificultades nacían de la confusión relativa al nombre y al apellido del finado, y del hecho de que el cuerpo estuviese en la parte católica del cementerio[269]. Arendt describe así este último: "Se abre sobre una pequeña bahía y cae de manera directa sobre el Mediterráneo; está tallado en piedra y asume una forma de terrazas. En sus muros de piedra se deslizan los ataúdes. Es con certeza uno de los lugares más fantásticos y hermosos que he visto en mi vida"[270].

Las actas de registro de fallecimientos de la parroquia de Santa Maria de Portbou señalan: "El 26 de septiembre de 1940 ha fallecido aquí en Portbou, obispado y provincia de Gerona, a la edad de 48 años, el señor Benjamín Walter, nacido en Berlín, procedente de Francia, casado con Dora Kellner. Ha recibido los santos sacramentos. Al día siguiente ha recibido sepultura en el nicho número 1 de los nuevos nichos, en el lado sur de la capilla del cementerio católico de este lugar. Andrés Freixa,

---

264. Scholem, 2014: 138.
265. Saletti, 2010b: 156.
266. Capella, 1990: 109; Niemeyer, 1979.
267. Scheurmann, 1994b: 284.
268. Cussó-Ferrer, 1994a: 164 y ss.
269. Bonnel, 2013: 73.
270. Cit. en Hauser, 2010: 84.

sacerdote"[271]. Parece, con todo, que el documento incorpora un error en lo que se refiere a la fecha de enterramiento, que fue un día después de la reseñada, algo ratificado por el propio Freixa en el registro relativo a los diferentes nichos del cementerio[272].

LAS CUENTAS Y LAS PERTENENCIAS DE BENJAMIN

No parece que en el caso de Benjamin le fuera requisada la moneda extranjera que llevaba o recibiese alguna acusación de contrabando monetario, prácticas, según Calvet, en modo alguno desconocidas en la frontera española[273]. Cierto es al respecto que, en virtud de la muerte de Benjamin, de las urgencias consiguientes y del deseo de abandonar Portbou que mostraron los acompañantes, tampoco hubo lugar a ninguna protesta o reclamación legal por eventuales irregularidades.

En la diligencia que desarrolló el juez municipal se da cuenta de las diversas facturas que se pagaron con el dinero de Benjamin: la del médico, Ramón Vila Moreno, 75 pesetas; la de la "fondista", Eva Raffegeau, 166,95 pesetas; la del cura párroco, Andrés Freixa, 93 pesetas; la del carpintero, Enrique Espadalè, 313 pesetas, y la correspondiente al juzgado municipal, 50 pesetas, con un total de 697,95. Comoquiera que —recoge el mismo documento— el resultado del cambio de las divisas que llevaba Benjamin fuese de 971,55 pesetas, sobraron 273,60 pesetas[274]. Esas 971,55 pesetas eran el producto del cambio de los 500 francos y los 70 dólares que llevaba Benjamin[275]. Grete Freund afirmó que con los 70 dólares que Benjamin portaba se pagaron el hotel, el médico y el funeral[276]. La factura de la fonda no deja de ser, por lo demás, curiosa. En ella se contabilizan, cabe suponer que interesadamente, cinco noches, con una cena

---
271. Cussó-Ferrer, 1994a: 165.
272. Scheurmann, 1994b: 285.
273. Calvet, 2010: 105.
274. Scheurmann, 1994b: 297.
275. Scheurmann, 1994b: 285.
276. Saletti, 2010a: 114.

—la del primer día—, cinco gaseosas con limón[277], las cuatro llamadas telefónicas ya mencionadas, gastos de farmacia y otros derivados de la necesidad de "vestir difunto 2 personas, desinfectar habitación y lavar colchón y blanquear"[278]. La factura librada por el cura, Andrés Freixa, lo es "por cinco años de alquiler de un nicho en el cementerio católico de este pueblo, donde se ha inhumado el cadáver de D. B. Walter. Obra de la Iglesia, derechos parroquiales, monaguillos. Una misa en sufragio del difunto"[279]. La de la carpintería, en fin, recoge estos conceptos: "Importe por una caja mortuoria para el difunto señor Benjamín Walter forrado de paño con varias aplicaciones y demás trabajos empleados. Por conducir al difunto al cementerio seis hombres. Por el trabajo de albañil de cerrar el nicho"[280].

Por lo que se refiere a los objetos y documentos que Benjamin llevaba consigo —o al menos los que llegaron a manos de las autoridades españolas—, fueron entregados al juzgado competente de Figueres, con una única excepción: la carta dirigida a Benjamin por Horkheimer el 8 de mayo de 1940, por la que certificaba la pertenencia del primero al Instituto, que apareció en 1992 en el archivo de Portbou. Ingrid Scheurmann recuerda que no se sabe por qué esta carta no siguió el mismo camino que los restantes documentos[281]. Scheurmann añade que los objetos y documentos depositados en Figueres desaparecieron cuando, en 1975, se procedió al traslado de los archivos a un nuevo edificio y se certificó que el agua había anegado el anterior y las ratas habían realizado su trabajo[282]. Importa subrayar que, llamativamente, nadie reclamó esos objetos. Y eso que en la carta que la Comisaría de Investigación y Vigilancia de la Frontera Oriental envió a Horkheimer a finales de octubre de 1940 se señalaba

---
277. Giuseppe Marcenaro aduce que bien pudieron servir para facilitar la ingestión de las pastillas de morfina; véase Marcenaro, 2008: 76.
278. Scheurmann, 1994b: 304.
279. Scheurmann, 1994b: 306.
280. Scheurmann, 1994b: 308.
281. Scheurmann, 1994b: 276. La carta de agradecimiento de Benjamin a Horkheimer por el certificado del Instituto se reproduce en Benjamin, 2014a: 204.
282. Scheurmann, 1994b: 279.

que las posesiones de Benjamin se encontraban a disposición de sus herederos[283]. Aunque, de nuevo, tal vez la confusión sobre el nombre y el apellido de su propietario impidió que alguien legítimamente interesado diera con los objetos que me ocupan. La respuesta a Horkheimer que acabo de invocar describe así el "equipaje del Sr. Walter": "Una cartera de piel de las usadas por los hombres de negocios; un reloj usado de caballero; una pipa; seis fotografías; una radiografía; unos lentes; varias cartas; periódicos y algunos pocos papeles más que se ignora su contenido, como también alguna cantidad en dinero"[284]. La lista es más prolija, en cambio, en la diligencia del juzgado (transcribo, también aquí, literalmente): "[...] el juez dispuso se procediera al reconocimiento de las ropas que vestía el difunto y contenido de la cartera de viaje, no encontrándose nada en las primeras, y en la segunda lo siguiente, a saber: Un reloj de bolsillo usado al parecer de oro, con dos tapas en su parte posterior y sin ella en la de la esfera en cuya parte superior de la primera de dichas tapas, aparecen, al gravado, enlazadas las letras S.G. y en el interior de la misma K.18 y en guarismo el nº 5671 y en la tapa interior, la inscripción P.A. Lane-Berlín y el mismo nº 5671; en cuyo reloj va unida una cadena, al parecer, de níquel muy usada. Un billete de quinientos francos que ostenta los números 5684.1756-R.2271 y 756. Un billete de 50 dólares que ostenta el número B.00688658.A. Otro billete de veinte dólares, que ostenta el número B.06711168.A. Un pasaporte nº 224 librado en Marsella por el American Foreign Service en 20 de agosto último en favor de Walter Benjamin Dr. visado por el consulado de España en dicha ciudad en diez del actual mes de septiembre, autorizándole para pasar en tránsito por España, vía terrestre, para dirigirse a Portugal; en cuyo documento aparece adherida una fotografía del difunto, del cual se desprende que este nació en Berlín en 15 de julio de 1892, y que estaba

---

283. Saletti, 2010a: 126.
284. Capella, 1990: 118.

casado con Dora Kellner. Un certificado, duplicado, expedido por Institute of Social Research, de New York. Seis fotografías, carnet, del difunto, un certificado expedido en París en 17 mayo del año actual; una radiografía y certificado de la misma. Una pipa para fumar con boquilla, al parecer, de ámbar con su estuche, usados; unos lentes con montura de níquel y su estuche, usados, y algunas cartas y periódicos"[285]. Ingrid Scheurmann subraya que el único elemento conflictivo en este listado son las cartas a las que hace referencia en su parte final[286]. El reloj del que se habla bien pudiera ser, por otra parte, el que Benjamin portaba en una célebre foto realizada en la casa de Brecht, en Dinamarca, en 1938[287]. Comoquiera que todos esos objetos y documentos fueron encontrados en la "cartera de viaje", y no en la ropa que Benjamin llevaba, es razonable suponer que alguien, probablemente la señora Gurland, había inspeccionado, antes de la llegada de las autoridades, las cosas de Benjamin, acaso había retirado algunas de ellas —eventualmente, las pastillas de morfina que hubiesen podido sobrar— y, tal vez, se había inclinado por destruir alguna[288]. A este respecto Scholem afirmó, sin aportar ningún dato sustantivo, que la señora Gurland destruyó los papeles de los que Benjamin era portador[289]. Sabemos que, al menos, no lo hizo con todos ellos, toda vez que tanto la respuesta de la policía española a Horkheimer como la diligencia del juzgado testimonian que en manos de las autoridades locales quedaron varios documentos —cartas, periódicos, papeles— de Benjamin. Por lo demás, Scheurmann agrega que no parecía normal que alguien que, encamado, había sufrido una agonía de bastantes horas estuviese vestido en su lecho de muerte, tanto más —apostillo yo— cuanto que, según el relato de Birman que ya he recogido, en la noche del 25 Benjamin estaba, semidesnudo, en su cama[290].

---

285. Scheurmann, 1994b: 294-295.
286. Scheurmann, 1994b: 285.
287. Capella, 1990: 110. Véase, por ejemplo, Brodersen, 1997: 239.
288. Scheurmann, 1994b: 286.
289. Tackels, 2013: 656.
290. Birman, 2006: 5.

EL MANUSCRITO DE LA CARTERA

La obsesión de Benjamin por sus manuscritos no era nueva. No se olvide que, en carta dirigida a Gretel Karplus de 19 de julio de 1940, Benjamin señala que lo que más le preocupa del momento es la suerte de aquellos[291]. El día siguiente le escribe, con el mismo argumento, a Alfred Cohn: "No te voy a contar mi salida [de París]. Te bastará saber que se produjo en tales condiciones que no he podido llevarme ni uno solo de mis manuscritos"[292]. Parece, aun así, que durante su estancia en Lourdes un amigo entregó a Benjamin una parte de los manuscritos que había dejado poco antes en la capital francesa[293].

Ya sabemos que, según la descripción ofrecida a Horkheimer por las autoridades españolas, entre las posesiones de Benjamin en Portbou estaba una "cartera de piel de las usadas por los hombres de negocios", cabe suponer que más grande que las normales y, acaso, con la posibilidad de llevarla colgada; la diligencia del juzgado habla de una "cartera grande de viaje"[294], que a menudo se ha descrito también como un maletín. También sabemos, en virtud del testimonio de Lisa Fittko, que Benjamin parecía aferrarse a la cartera, que era portadora de un manuscrito al que su autor otorgaba singular relieve y que, pensaba, estaría mucho más seguro una vez llegado a España. Se ha especulado mucho sobre la naturaleza de ese manuscrito. La mayoría de los estudiosos piensan que se trataba, sin más, de una copia de las "Tesis sobre el concepto de historia". No olvidemos que Benjamin no podía albergar la certeza de que el texto que había entregado a otras personas iba a llegar a su destino americano. Eiland y Jennings sugieren que el manuscrito podría tratarse de una versión final, distinta de las anteriores, del texto de las "Tesis", algo que explicaría por qué Benjamin tenía tanto empeño en salvarlo pese a haber hecho llegar, o haberlo

---

291. Carta a Gretel Karplus, 19 de julio de 1940, en Benjamin, 2014a: 214.
292. Carta a Alfred Cohn, 20 de julio de 1940, en Benjamin, 2000b: 471.
293. Saletti, 2010b: 152.
294. Scheurmann, 1994b: 294.

intentado, versiones anteriores de ese texto a Hannah Arendt, Gretel Karplus y Georges Bataille[295]. Probablemente Benjamin pensaba, por añadidura, que el manuscrito entregado en Marsella —a Hannah Arendt— o en París —a Bataille— no acabaría en buenas manos[296].

Cierto es que no han faltado otras explicaciones en lo que hace al contenido del manuscrito. Así, se ha sugerido que Benjamin escribió en los últimos meses de su vida un diario[297]; de ser así, no es muy probable que le otorgase, sin embargo, el relieve que apuntan los testimonios que aquí me ocupan. También se ha referido la posibilidad de que se tratase de una versión completa del *Libro de los pasajes* o, tal vez, del voluminoso texto sobre Baudelaire. De ser tal el manuscrito, sus dimensiones, notables, dificultarían el transporte en una cartera en las condiciones en que lo asumió Benjamin. Esto aparte, Eiland y Jennings estiman que lo anterior es improbable, siquiera solo fuese por las escasas posibilidades de trabajar de las que Benjamin había disfrutado en el último año de su vida[298]. No está de más que recordemos que en carta a Hannah Arendt escrita en Lourdes el 8 de julio de 1940 Benjamin confiesa sus dificultades para trabajar y se autodescribe de la mano de una frase de La Rochefoucauld: "La pereza lo ha mantenido con gloria, durante varios años, en la oscuridad de una vida errante y escondida"[299]. Poco más de una semana antes de morir, el 17 de septiembre, y en carta dirigida desde Marsella a Alfred Cohn, Benjamin señala que no tiene libros, aunque de vez en cuando consiga hacerse con alguno de ellos[300].

Pese a que nadie sabe a ciencia cierta qué ocurrió con el manuscrito de Benjamin, la posibilidad más certera al respecto es la que apunta que Henny Gurland, temerosa de toparse con problemas, destruyese muchos de los papeles que Benjamin llevaba. Si ello fue así, indirectamente se estaría fortaleciendo la

---

295. Eiland y Jennings, 2014: 673; Reijen y Doorn, 2001: 221.
296. Brodersen, 1997: 261.
297. Bonnel, 2013: 100.
298. Eiland y Jennings, 2014: 673.
299. Carta a Hannah Arendt, 8 de julio de 1940, en Benjamin: 2000b, 468.
300. Carta a Alfred Cohn, 17 de septiembre de 1940, en Benjamin, 2000b: 482.

posibilidad de que el manuscrito no fuese otro que el de las "Tesis sobre el concepto de historia". Por su tamaño, reducido, el texto habría pasado inadvertido a la señora Gurland entre el resto de los papeles.

EL BILLETE DE BARCO

No dispongo de ninguna información relevante —en su caso me ha pasado inadvertida— en lo que se refiere a cuáles eran los planes de Benjamin para cruzar la península Ibérica y trasladarse a Estados Unidos. Sabemos, de cualquier modo, que deseaba llegar a Lisboa para tomar un barco que lo condujese al continente americano. No se olvide que, según una estimación, entre junio de 1940 y mayo de 1941 pasaron por Portugal unos 40.000 refugiados[301].

Salta a la vista, aun así, que entre los documentos de Benjamin requisados en Portbou no había ningún billete de barco. En su defecto, cualquier documento relativo al eventual desplazamiento había sido destruido antes de que quedase en manos de las autoridades españolas. Cabe preguntarse, claro, si el billete de barco, acaso pagado con anterioridad, no estaría, en Lisboa, a disposición de Benjamin. Fittko afirma que las autoridades diplomáticas portuguesas solo concedían el visado de tránsito previa la certeza de que el solicitante disponía de un billete que permitiese abandonar Portugal. Ese billete, según Fittko, debía abonarse en dólares, exigencia llamativa por cuanto la mayoría de quienes deseaban abandonar Europa no disponían de tal divisa[302]. Además, y al parecer, menudeaban los billetes falsos[303] y en la frontera española se concedía cierto número de días, limitado, para permitir el tránsito por España[304]. Para que nada faltase, conseguir una plaza en alguno de los barcos que llevaban a Estados Unidos no era tarea sencilla. El precio de los billetes,

---
301. Flunser Pimentel, 2008: 119-120.
302. Fittko, 2015: 127.
303. Fittko, 2015: 129.
304. Calvet, 2010: 85.

en fin, se había incrementado sensiblemente: si era de 80 dólares en 1939, se emplazó en 400 en 1940-1941[305].

Josep Calvet se refiere a cómo el representante de American Express, Viajes Marsans y Danzas solía ayudar a los judíos que llegaban a España y eran portadores de un pasaje de barco para América. Recuerda también que se sospechaba que en estaciones de tren como las de Llançà, Colera, Peralada, Vilajuïga y Vilamalla había empleados que socorrían a los fugitivos, facilitándoles billetes e indicando en qué trenes la vigilancia era menor[306]. También se ha señalado que existía un acuerdo entre el alcalde, socialista, de Cervera y su homólogo —en este caso, obviamente, no socialista— de Portbou en lo que respecta al tránsito ferroviario de los equipajes de quienes cruzaban ilegalmente la frontera[307]. A menudo se habla, por otra parte, del "tren a Lisboa"[308]. Obviamente no había tal tren: eran necesarios tal vez dos cambios, el uno en Barcelona y el otro, este insortable, en Madrid. Cierto es que en algún caso —así, el del matrimonio Werfel— se recurrió al avión; si damos crédito a la versión de Fry, existía un vuelo directo entre Barcelona y Lisboa[309].

QUÉ OCURRIÓ CON LOS COMPAÑEROS DE VIAJE DE BENJAMIN

Por lo que creo saber, y según su testimonio, la señora Gurland y su hijo quedaron en Portbou[310] un día más, el 26 de septiembre, mientras las otras cuatro mujeres eran enviadas a la frontera[311]. Según Gurland, sus cuatro compañeras ocasionales

---
305. Kaspi, 1997: 148.
306. Calvet, 2010: 70-71.
307. Fittko, 2015: 171.
308. Véase, por ejemplo, Fittko, 2015: 152.
309. Fry, 2008: 80-81. Bien puede confirmarlo la información recogida en VV.AA., 1939, que, en lo que respecta a 1939, identificaba un vuelo, cabe suponer que con escalas, de Barcelona a Lisboa, con salida a las 13:55 de la primera ciudad y llegada a las 20:35 a la segunda.
310. Cit. en Scholem, 2014: 337.
311. Saletti, 2010a: 123. Cabe deducir que las autoridades españolas distinguían claramente, con razón, esos dos grupos. Este hecho podría dar algún crédito a la versión

de viaje estaban dispuestas a aceptar el traslado a un campo de concentración en Figueres[312]. La propia Gurland parece dar a entender que, si se deseaba evitar el regreso a Francia, existía la posibilidad de acabar en un campo de concentración[313]. Capella recoge que, según el testimonio de Suñer y Raffegeau en 1972, "dos señoras mayores que habían viajado con él [con Benjamin] trataron de regresar inmediatamente a Francia sin esperar más, pero desistieron a causa de una fuerte tormenta; eso afectó mucho a su compañero"[314]. Lo más probable es que mezclen hechos y momentos, toda vez que la tormenta en cuestión se produjo probablemente la mañana siguiente a la llegada de Benjamin y el resto de los fugitivos a Portbou, con lo que difícilmente el propósito de retornar a Francia asumido por esas dos señoras podría haberse hecho valer "inmediatamente" después de tal llegada. Si mi impresión es correcta, y por lo demás, a duras penas Benjamin, en plena agonía, habría podido verse afectado por la tormenta y sus consecuencias.

Cuando Birman da cuenta de la orden de dirigirse —a pie, y no en tren, como ya he señalado sugirió Koestler; en el trayecto hubieron de tomarse, según el testimonio de Birman, un par de horas— a la frontera —se refiere, obviamente, a la de Cervera—, acompañadas por dos policías, habla en exclusiva del grupo de cuatro mujeres en el que estaba integrada, y no de la señora Gurland y de su hijo. Lo que Birman relata es que primero intentó convencer a los policías españoles de que estaba aguardando documentos que le permitirían entrar legalmente en España; los policías le respondieron que esos documentos estarían arriba, en la frontera, por lo que era menester subir hasta esta[315]. Comoquiera que, en Cervera, no encontraron los documentos en cuestión, se les sugirió que telefoneasen a

---

de los hechos, ya glosada, de Joseph Gurland, quien, recordemos, afirmó en su momento que los dos grupos no habían llegado juntos a Portbou.
312. Saletti, 2010a: 123; Scholem, 2014, 337.
313. Saletti, 2010a: 123.
314. Capella, 1990: 110.
315. Birman, 2006: 6.

Portbou por si hubiesen llegado[316]. Birman agrega que pudieron ver, en Cervera, a unos pocos metros de distancia a oficiales franceses y alemanes[317]. Relata que en ese momento se desató una lluvia muy intensa[318] y que decidieron regresar a Portbou, de tal manera que a las cinco o a las seis de la tarde estaban de nuevo en la aduana. A diferencia de lo ocurrido con el intento anterior, en este caso tuvieron suerte y la persona que las recibió les señaló que podían entrar en España, en el buen entendido de que debían abandonar Portbou la misma noche. Según la versión de Birman, la respuesta de la policía española algo le debió al hecho de que había prosperado el intento de soborno planificado la víspera, con el concurso visible del propietario del Hotel de Francia[319]. Otro tanto cuenta Henny Gurland[320], quien afirma que pagaron, y bien, por la autorización correspondiente[321]. Si hacemos caso de estos testimonios, se desvanece la tesis de que los acompañantes de Benjamin pudieron entrar, al cabo, en España de resultas del impacto provocado por la muerte de nuestro autor. Aunque, al parecer, el máximo responsable policial habría aceptado el soborno, su respuesta habría llegado después de que las cuatro mujeres tomasen el camino hacia Cervera[322]. El señor Suñer condujo a las cuatro mujeres al hotel para que pudiesen cenar. Birman agrega —ya nos hemos interesado por ello— que durante la cena entró en el hotel, obviamente en relación con el estado de Benjamin, un sacerdote católico con una veintena de monaguillos, entonando una letanía. Las cuatro mujeres montaron en el tren nocturno para Barcelona mientras, por cierto, seguía lloviendo copiosamente[323]. Por lo que respecta a Gurland y su hijo, vieron legalizada su situación

---

316. Birman, 2006: 6.
317. Birman, 2006: 6; Saletti, 2010a: 116.
318. Poco menos de un mes después, el 17 de octubre de 1940, hubo una formidable riada en el Rosellón, con numerosos muertos y daños económicos cuantiosos. Véanse Bailey, 2009: 121-122; Bonet, 1992: 53 y ss.; Gual y Larrieu, 1996: 93 y ss.
319. Birman, 2006: 8; Saletti, 2010a: 116.
320. Saletti, 2010a: 123.
321. Scholem, 2014: 337. Según la versión de Hermann Grab hubieron de abonar 25 dólares por cabeza; véase Purrnies y Smith, 1991: 219.
322. Birman, 2006: 8.
323. Saletti, 2010a: 117.

en España el 27[324], para llegar a Lisboa unos días después. Antes de ello aceptaron dejar en manos del juez las cartas y el dinero de Benjamin, y solicitaron que lo que correspondiese fuese enviado al consulado norteamericano en Barcelona, desde el que Corina Birman, al parecer, había telefoneado[325].

Según las declaraciones de Suñer y Raffegeau en 1972, "el comisario de policía de la estación, 'que era una buena persona', quedó consternado por el relato de la agonía y la muerte y accedió al ruego de estampillar los pasaportes de aquellos desgraciados para que pudieran continuar viaje"[326]. Suñer no menciona, claro, su eventual participación en las negociaciones con la policía, con dinero de por medio. Esto al margen, parece que la decisión de autorizar el paso de las cuatro mujeres que me ocupan se verificó antes del óbito de Benjamin, durante la agonía de nuestro hombre, sin que sea evidente que la policía tuviese conocimiento de esta. Bien es cierto que, al respecto, y en sentido contrario, Gurland señala que había ido "a la comisaría de policía con un certificado del médico, y el jefe se quedó muy impresionado por la enfermedad de Benjamin"[327].

Debo confesar, con todo, mis dudas en lo que respecta a la fecha precisa en que se produjeron la subida a Cervera de las cuatro mujeres, la tormenta y el regreso a Portbou para tomar un tren camino de Barcelona. Aunque el testimonio de Henny Gurland señala que esos hechos ocurrieron "la mañana siguiente al día de la muerte de Benjamin"[328], y aunque, a tono con ello, la cronología recogida en el puntilloso libro de Saletti se refiere también al día 27[329], lo más probable es que se produjesen el 26, que era, al fin y al cabo, el siguiente al de la llegada a Portbou de las fugitivas: se les habría permitido permanecer —no

---

324. Saletti, 2010a: 123. Me queda alguna duda al respecto: si en cierto sentido la señora Gurland era la encargada de resolver los asuntos vinculados con Benjamin, es posible que su marcha de Portbou se verificase el día siguiente, el 28. No parece, en cualquier caso, que estuviese presente en el entierro de Benjamin.
325. Saletti, 2010a: 123.
326. Capella, 1990: 111.
327. Cit. en Capella, 1990: 115.
328. Scholem, 2014: 337.
329. Saletti, 2010b: 154.

lo olvidemos—una única noche en la localidad. Por otra parte, si se quedaron todo el día 26 en Portbou, resulta un tanto sorprendente que no haya testimonio alguno de lo que hicieron en el pueblo, con excepción de las primeras horas de la mañana, tanto más cuanto que fue la jornada de la agonía y de la muerte de Benjamin. Para que nada falte, el comentario de Birman en el sentido de que la respuesta del jefe de la policía llegó tarde, cuando ya habían iniciado el camino de retorno a Francia, encaja mal con la posibilidad de que los hechos que nos ocupan se hubiesen producido el día 27: de ser así, el responsable policial habría tardado nada menos que un día y medio en responder al intento de soborno realizado por el grupo de Birman[330]. Apostillemos, en fin, que Birman —como ya lo he señalado— sitúa el intento de soborno "la víspera" del día en que a ella y a sus compañeras se les permitió entrar en España.

El relato sobre el cura y los monaguillos podría ratificar —creo— la conclusión de que la frustrada expulsión a Francia de Birman y sus compañeras se produjo el 26 por la mañana. Birman afirma, aun así, que el cura y la "veintena de monaguillos", procedentes de un monasterio cercano, llegaron para entonar un réquiem en el lecho de muerte de Benjamin y para proceder a enterrarlo[331]. Mientras lo primero, el réquiem, es posible que se produjera el 26, si bien tampoco es desdeñable que cobrase cuerpo el 27 —habría que preguntarse entonces por qué habría de desarrollarse por la tarde-noche—, lo segundo, el entierro, es obvio que, o se trata de un error de Birman, o a duras penas podría remitir al día 26: aunque, claro, tampoco es fácil situarlo a la caída del día 27.

---

330. No sé si agregar que la confusión de Grete Freund en lo que hace a los días de la semana en que se sucedieron los hechos —ya me he referido a ella— deja claro, aun así, que, en la percepción de Freund, Benjamin llegó a Portbou un día, falleció el siguiente y fue enterrado —creo saber que esto no es así— el tercero, cuando Freund y sus compañeras ya habían dejado Portbou camino de Barcelona. Aunque el relato tiene difícil encaje en la realidad, tanto más si aceptamos que Freund y sus compañeras viajaron en la noche del "tercer día", no parece dejar espacio a un "cuarto día" en el que la relatora habría estado, en espera de acontecimientos, en Portbou. Véase carta de Grete Freund a H. Kasten, 30 de septiembre de 1940, cit. en Scheurmann, 1994a: 114. No he podido consultar, en cualquier caso, esta carta de Freund.

331. Birman, 2006: 9.

IV. LAS TESIS SOBRE EL CONCEPTO DE HISTORIA

> "La táctica de desgaste era lo que te complacía ante el tablero de ajedrez, bajo la sombra del peral. El enemigo, que te arrancó de tus libros, no se deja gastar por los nuestros".
>
> BERTOLT BRECHT

El capítulo que aquí se inicia pretende sopesar el que acaso fue el último de los textos redactados por Walter Benjamin: las "Tesis sobre el concepto de historia". Ya hemos podido comprobar que estas eran, a los ojos de la mayoría de los expertos, el manuscrito que Benjamin llevaba en el periplo que terminó en Portbou. Conviene recordar que las "Tesis" han sido a menudo invocadas, en los últimos años, al calor de numerosos trabajos que llaman la atención sobre la hondura de la crisis ecológica y, con ella, sobre el riesgo, que nos acecha, de un colapso más o menos próximo.

Aclararé que no soy en modo alguno una persona preparada para glosar las "Tesis", un texto, por lo demás, manifiestamente oscuro y hermético que reclama, para su comprensión, de ayudas constantes. Si mi alemán es liviano y mis conocimientos sobre el romanticismo germano escasos, no salgo mejor parado en lo que hace a la mística judía y al materialismo histórico. Mi aproximación, guiada, a las "Tesis" tiene, en esas condiciones, una naturaleza instrumental: lejos de ocuparme de todas ellas, he procurado concentrar mi atención en aquellos textos que, en virtud de condiciones estrictamente contemporáneas, me interesan, de la mano de una lectura que no tengo ningún problema en aceptar que es manifiestamente sesgada. Ese designio bebe, si así se quiere, de una máxima de Kafka —"Sí, hay esperanza, mucha esperanza; pero no para nosotros"[1]— y de la conciencia de que, en muchos de sus tramos, las "Tesis" nos hablan de lo que tenemos delante de los ojos, y no de un pasado que se evaporó hace tres cuartos de siglo.

Sobre la base de ese plan, y de esas limitaciones, me permito agregar que en este texto no solo prestaré atención a las "Tesis": estas me servirán de excusa para levantar un balance de materias afines importantes, como es el caso de la relación de Benjamin y Bertolt Brecht, del ascendiente del marxismo y del anarquismo sobre el primero, o, en suma, de la visión benjaminiana de lo que significó la Unión Soviética.

LA HISTORIA Y LA TRAMA DE LAS 'TESIS'

Hay dos textos de Benjamin que han sido comúnmente invocados como antecedentes de las tesis. Si el uno es el ensayo sobre "Eduard Fuchs", de 1937, el otro es un trabajo titulado "Fragmento teórico-político", que Adorno creyó había sido redactado en 1937-1938, pero que, al parecer, data de 1920-1921[2]. La confusión sobre la fecha de elaboración de este segundo texto da cuenta, de manera subterránea, de su vínculo con las "Tesis". Ese vínculo no es otro que el forjado alrededor de un pesimismo creciente. Benjamin distingue con claridad en el "Fragmento" el orden teológico y el profano. Mientras este último se asienta en la idea de felicidad, su articulación con el mesianismo se convierte en objeto de la filosofía de la historia. En ese trabajo se esboza, por lo demás, lo que luego será la relación entre la teología y el materialismo histórico[3]. Lleva razón, sin embargo, Mate cuando sugiere que mientras el "Fragmento" está construido sobre la base de la figura del mesías, en las "Tesis" solo se habla de "astillas mesiánicas"[4].

---

1. Cit. en Parini, 1997: 52.
2. Palmier, 2010: 209.
3. Palmier, 2010: 214.
4. Mate, 2006: 299.

En diciembre de 1938, y por otra parte, Benjamin había mostrado su interés por las dudas que a Adorno le suscitaba el término *progreso*. El mes siguiente comunicó a Horkheimer que había descubierto el impulso necesario para romper "la representación de un continuo de la cultura". Un año después, en febrero de 1940, y en el marco de sus disputas con Soma Morgenstern, mencionó expresamente el trabajo que abocará en las "Tesis"[5]. En ese mismo mes, y en carta dirigida a Horkheimer, le señaló a este que acababa de terminar "cierto número de tesis sobre el concepto de historia"[6]. A principios de mayo escribe lo siguiente a Stephan Lackner: "He concluido un pequeño ensayo sobre el concepto de historia, un trabajo que no ha sido inspirado solo por la nueva guerra, sino por la experiencia colectiva de mi generación, que debe haber sido una de las más castigadas que la historia haya conocido. [...] Nos preguntamos si la historia no estará a punto de forjar una síntesis ingeniosa de dos conceptos nietzscheanos. A saber, el buen europeo y el último hombre. Podría nacer de ello el último europeo. Todos nosotros luchamos para no convertirnos en ese último europeo"[7]. Aunque las disputas relativas al manuscrito que Benjamin llevaba en Portbou dejan abierta la posibilidad de que nuestro autor hubiese seguido trabajando en las "Tesis" en las últimas semanas de su vida, conocemos el texto a través de varias copias que —ya lo señalé en el capítulo anterior— fueron ultimadas antes y dejadas en manos de conocidos y amigos. La copia entregada, en singular, a Hannah Arendt llegó a Estados Unidos en 1941 y fue custodiada en el Instituto de Horkheimer. Este y Adorno publicaron el texto el año siguiente, en una edición casi casera, en un volumen titulado *Walter Benjamin zum Gedächtnis* (*En memoria de Walter Benjamin*)[8]. Hablamos —no lo olvidemos— de un trabajo no siempre fácil de leer, con párrafos agregables o retirables, con retoques y abreviaturas, y, claro, con un sinfín de controversias acompañantes.

---

5. Jean-Maurice Monnoyer, en Benjamin, 2011b: 429.
6. Carta a Max Horkheimer, 22 de febrero de 1940, en Benjamin, 2014a: 124.
7. Carta a Stephan Lackner, 5 de mayo de 1940, en Benjamin, 2014a: 177-179.
8. Mayer, 1992: 71.

Se ha dicho a menudo que las "Tesis" son una suerte de testamento intelectual de Benjamin. Löwy subraya, de cualquier modo, que no fueron concebidas como un material destinado a su publicación[9]. El propio Benjamin, en una carta a Gretel Karplus, sugiere que el texto se vincula antes con "un manojo de hierbas juntado en paseos meditativos que con un conjunto de tesis" maduro para su edición[10]. Se ha discutido mucho, en otro terreno, si las "Tesis" son el producto del *cierre* operado en la vida de Benjamin o remiten, antes bien, a una historia, a una línea de pensamiento, más larga. En otra carta a Gretel Karplus, Benjamin afirma que las ideas en ellas recogidas las había ido incubando a lo largo de los veinte años anteriores[11]. Pero es cierto que una parte importante de su contenido se relaciona con hechos estrictamente contemporáneos —así, el pacto germanosoviético, el estallido de la segunda guerra mundial— del momento de la redacción. En una carta dirigida, una vez más, a Gretel Karplus en abril de 1940 Benjamin invoca "la guerra y la constelación que a ella ha llevado" como fuente de inspiración. La relación con hechos contemporáneos es, aun así, evidente, en la forma ante todo de la certificación de cómo "las democracias", primero, y la URSS, después, han claudicado ante la Alemania hitleriana, constancia que, en palabras de Bolívar Echeverría, deja un poso de impotencia y de encono[12]. El propio Echeverría nos recuerda, por otra parte, que estamos ante un texto que se sostiene en la soledad, esto es, que no se ve acompañado de una práctica política, toda vez que el autor carece de interlocutores en este terreno: "Es una palabra perdida en el aire, dicha, tal vez, en el mejor de los casos, para unos hipotéticos 'comunistas', 'socialistas' o 'anarquistas' del futuro"[13]. Igual no está de más ver en las "Tesis", en suma, un intento de Benjamin en el sentido de congraciarse con esas dos grandes tensiones

---

9. Löwy, 2014: 29.
10. Cit. en Echeverría, 2008: 11.
11. Brodersen, 1997: 248.
12. Echeverría, 2008: 12-13.
13. Echeverría, 2008: 14.

intelectuales que significaban las figuras de Gershom Scholem y Bertolt Brecht, con Adorno acaso, también, de por medio.

Löwy identifica tres lecturas diferentes de las "Tesis". La primera es la de la "escuela materialista", para la que Benjamin es un marxista, un materialista consecuente, de tal manera que las fórmulas teológicas incorporadas a aquellas deben considerarse meras metáforas; esta es la posición defendida por Brecht. La segunda es la de la "escuela teológica", para la que en Benjamin hay ante todo un teólogo judío, un pensador mesiánico; de resultas, en las "Tesis" el marxismo no es sino terminología, de tal suerte que no tiene sentido hablar de "materialismo histórico". La tercera es lo que Löwy llama "escuela de la contradicción", que subraya que Benjamin procura conciliar marxismo y teología judía, materialismo y mesianismo, realidades por definición incompatibles, lo que no puede conducir sino al fracaso[14]. Löwy propone, con todo, una cuarta interpretación, en virtud de la cual Benjamin sería al tiempo marxista y teólogo, dos adjetivos que solo pueden reunirse, y entenderse, de la mano de un pensador singularísimo, en cuya obra las abstracciones metafísicas se vinculan expresamente con experiencias históricas concretas[15] y permiten comprender "no solo la historia de las clases oprimidas, sino también la de las mujeres —la mitad de la humanidad—, la de los judíos, la de los gitanos, la de los indios americanos, la de los kurdos, la de los negros, la de las minorías sexuales, en resumen, la de los parias"[16].

Importa sobremanera subrayar, para rematar estas consideraciones, que al calor de las "Tesis" pareciera como si el futuro no existiese. Y es que en realidad, y para Benjamin, en 1940 no existía, como no existían las generaciones venideras. "Estaba convencido de que una nueva guerra mundial entrañaría la utilización del gas letal y traería consigo, por tanto, el fin de toda civilización", apostillará Scholem[17]. En las "Tesis" el grueso de la atención se lo llevan las generaciones pasadas y presentes,

---

14. Löwy, 2014: 31-32.
15. Löwy, 2014: 32-33.
16. Löwy, 2014: 35.
17. Scholem, 2014: 335.

de tal suerte que no existen las futuras, y ello por mucho que sea cierto que, tal y como lo ha remarcado el propio Scholem en relación con la tradición mesiánica judía, esta última se ve animada a la vez por el deseo de restablecer el estado originario de las cosas y por una visión utópica del futuro[18]. Conviene percatarse de cuál es el escenario en el que Benjamin escribe las "Tesis": no hay esperanza en un presente marcado por la figura de Hitler y, también, por la de Stalin. No queda otro horizonte que procurarla en el pasado de quienes lucharon por una causa noble y fueron derrotados[19]. "Solo para los desesperados nos ha sido dada la esperanza", anotará Benjamin[20]. En el buen entendido de que, si nos dejamos llevar por la influencia que sobre Benjamin ejerció la mística judía, también podremos invocar la prohibición, aneja a esta, de investigar el futuro[21]. Eagleton subraya que el trabajo, arduo, de Benjamin consistió al cabo en predecir el presente y pronosticar el pasado[22]. Pareciera como si la única mención de nuestro autor en relación con el futuro fuese la que, luego de atribuir a su generación la condición de vencida, demanda de las generaciones que vendrán un recuerdo para sus sufrimientos. "De los que vendrán no pretendemos gratitud por nuestros triunfos, sino rememoración de nuestras derrotas. Eso es el consuelo: el consuelo que solo puede haber para quienes ya no tienen esperanza de consuelo"[23].

BENJAMIN Y BRECHT

Hagamos un alto para examinar la relación de Walter Benjamin y Bertolt Brecht. Fue, al parecer, intensa y asimétrica. Tackels afirma que Benjamin gustaba mucho de los escritos de Brecht, pero que, en cambio, no siempre se hacía valer la recíproca o,

---
18. Cit. en Löwy, 2014: 52.
19. Mate, 2006: 234.
20. Benjamin, cit. en Arendt, 2013: 41.
21. Eagleton, 2012: 222.
22. Eagleton, 2012: 222.
23. Benjamin, 2008: 89.

al menos, a Brecht no le complacía la forma de escribir de Benjamin (algo, por lo demás, bastante común). Obligado es subrayar que Brecht y Benjamin discutieron siempre con ocasión de los viajes del segundo a Dinamarca: lo hicieron sobre Kafka en 1934, sobre la obra de arte en 1936 y sobre Baudelaire en 1938[24]. En una carta a Gretel Karplus de principios de junio de 1934, Benjamin asevera, en suma, que su relación con Brecht responde a un modelo poco frecuentado: el de quienes le han permitido forjar un polo "en oposición a sí mismo". De resultas, Benjamin parecía dispuesto a reunir hechos y pensamientos que hasta entonces consideraba incompatibles[25].

Pero ahora me interesa, por encima de todo, comparar el hermetismo de las "Tesis" con la condición cristalina de las obras de Brecht. Löwy describe las primeras como un "texto enigmático, alusivo, léase sibilino; su hermetismo se ve marcado por imágenes, alegorías, iluminaciones, se ve sembrado por extrañas paradojas, se ve atravesado por intuiciones fulgurantes"[26]. Y es que Benjamin, como ya sabemos, era un autor difícil: lo que nos relata sobre la revolución, el pesimismo, el progreso o el mesías —siempre, o casi siempre, lejos de versiones didácticas— no es fácil de comprender. Aunque tal vez las "Tesis" no son tan oscuras: lo que ocurre, sin más, es que nuestra percepción se ve lastrada por un palpable desconocimiento de la mística judía, de tal suerte que a los ojos de alguien que conozca esta última acaso el contenido de aquellas no resultará tan extraño. Cuesta Abad subraya, por añadidura, que en los trabajos de Benjamin hay siempre huellas de una escritura anterior: de descubrirlas, será más sencillo descifrar los elementos crípticos que suelen presentar[27]. No parece, en fin, que Brecht llevase razón —tal vez estaba ironizando— cuando afirmó que las "Tesis" eran un texto claro que

---

24. Tackels, 2013: 567.
25. Wizisla, 2009: XIV.
26. Löwy, 2014: 12-13.
27. Cuesta Abad, 2004: 94.

presentaba de forma simple problemas complejos, y ello pese a las metáforas y el influjo del judaísmo[28]. Subrayaré que, frente a lo que es común en Benjamin, en la obra de Brecht despunta su carácter didáctico, aderezado de una espontánea lucidez, al menos si me guío por la *boutade* enunciada por el propio Brecht: "Entendí mis obras cuando leí *El Capital* de Marx"[29]. Jean-Michel Palmier ha certificado la distancia existente entre la insolencia, la ironía mordaz y el fantástico sentido de lo concreto de Brecht y la educación casi "china" de Benjamin, su intelectualismo y su hipersensibilidad[30]. Mientras Benjamin —y con él Bloch, Lukács y Adorno— se halla indeleblemente marcado, en otro terreno, por esa melancolía tan característica del marxismo occidental, en Brecht despunta, antes bien, el humor no melancólico[31]. Nada de lo anterior obliga a olvidar que en ocasiones la práctica discursiva de Benjamin se acercó, sin embargo, a la de Brecht, como sucedió, por ejemplo, cuando el primero entendió que la radio era un interesante instrumento de intervención, de la mano de un proyecto que remitía, por cierto, al teatro épico y didáctico de Brecht[32]. Tengamos presente que Benjamin se había mostrado próximo, también, al teatro proletario para niños que postulaba Asja Lacis[33].

EL MARXISMO DE BENJAMIN

Palmier señala que un giro importante en los intereses intelectuales y políticos de Benjamin se produjo allá por 1924. Remitió al tiempo al descubrimiento de la dialéctica marxista y a un interés por la *realidad* del comunismo[34]. A pesar de que la relación sentimental de Benjamin con Asja Lacis tuvo que ver, a buen

---

28. Wizisla, 2009: 48.
29. Cit. en Wizisla, 2009: 6.
30. Palmier, 2006: 595.
31. Eagleton, 2012: 240.
32. Baudouin, 2009: 31.
33. Baudouin, 2009: 33.
34. Palmier, 2010: 332-333.

seguro, con el acercamiento del primero al marxismo, el mismo Palmier subraya que más feraces fueron al respecto las lecturas de Bloch y de Lukács[35], y, con el paso de los años, la influencia de Brecht, tantas veces tachada de indeseable por Scholem[36]. Aunque en primera instancia Hannah Arendt sostuvo que lo que atrajo a Benjamin del marxismo era la teoría de la superestructura, más adelante la propia Arendt anotó que la fuente de seducción mayor la aportó, antes bien, la radicalidad de una crítica que no se contentaba con el análisis de las relaciones presentes, sino que tomaba en consideración la totalidad de la tradición espiritual y política[37]. Benjamin sostuvo, delante de Scholem, que su marxismo no era dogmático, sino heurístico y experimental por propia naturaleza, de tal suerte que, lejos de provocar un abandono de sus inquietudes anteriores, había permitido revitalizarlas[38].

Parece que Benjamin tenía, con todo, un conocimiento limitado de los clásicos del marxismo y del marxismo-leninismo, en los hechos circunscrito a la lectura de *Historia y conciencia de clase* de Lukács y de algunos textos de Marx —*Der 18te Brumaire des Louis Napoleon* (*El 18 Brumario de Luis Bonaparte*), el libro I de *Das Kapital* (*El Capital*)—, Engels, Lenin, Rosa Luxemburg y Bujarin. Cierto es, aun así, que prestó singular atención a la obra de Trotski[39]. En una carta dirigida a Gretel Karplus en mayo de 1932 señaló, con respecto a la autobiografía de este y al primer tomo de su historia de la revolución rusa, que desde hacía años ninguna lectura lo había absorbido con tanta intensidad[40]. También recibió Benjamin una influencia notable, con todo, de la obra de Karl Korsch, y en singular del *Karl Marx* de este último[41]. Eiland y Jennings consideran que el libro de Korsch fue la aproximación más profunda de Benjamin

---

35. Palmier, 2010: 323-324.
36. Véase, por ejemplo, Scholem, 1995: 57.
37. Löwy, 2010: 58.
38. Eiland y Jennings, 2014: 581.
39. Baudouin, 2009: 34-35; Brodersen, 2005: 35.
40. Carta a Gretel Karplus, mayo de 1932, en Benjamin, 2008a: 52.
41. Benjamin, 2000a: 211.

al pensamiento de Marx[42]. No olvidemos que estamos hablando de un pensador —Korsch— vinculado estrechamente con el consejismo y con una lectura heterodoxa del marxismo. Philippe Baudouin concluye que a Benjamin le interesaba más la práctica del "comunismo radical" que las teorizaciones al respecto, tanto más si estas tenían un tufo oficialista[43]. Pese a ello, y como ya sabemos, esa práctica tampoco pareció encontrar acomodo en los escritos de Benjamin. Este último no mantuvo ninguna sintonía mayor, por otra parte, con el Partido Comunista alemán, del que nunca fue militante. Aunque en algún momento sopesó, ciertamente, afiliarse al partido, no deja de ser llamativo que semejante posibilidad la considerase solo en la eventualidad de que le fuera mal en el mundo editorial. Cabe interpretar, por lo demás, que para Benjamin entrar en el partido era una forma de facilitar el viaje a Moscú, como si la militancia en sí misma le interesase poco o nada[44]. A la circunstancia que ahora invoco conviene sumar, con todo, otra: la derivada de la delicada condición de su relación con el Instituto de Horkheimer y Adorno. Si el Instituto en cuestión, por un lado, había procurado distanciarse del marxismo-leninismo de manual que imperaba en la URSS, no aportaba, por el otro, ninguna visión particularmente combativa y militante en ámbito alguno, perdidos como parecían sus responsables —burgueses disfrazados de rojo, según Brecht— en sesudas y estériles investigaciones[45]. Un contrapunto de lo que hacía el Instituto lo proporcionaban, ciertamente, la relación de Benjamin con Georges Bataille, una figura enfrentada al agostado cartesianismo académico[46], y sus vínculos con determinados sectores surrealistas.

Los hechos como fueren, Benjamin se mostró siempre alejado de las versiones ortodoxas del marxismo, como lo testimonian sus reservas con respecto a Bujarin, la escolástica soviética y muchas de las versiones del materialismo dialéctico

---

42. Eiland y Jennings, 2014: 640.
43. Baudouin, 2009: 35.
44. Witte, 2002: 101.
45. Mayer, 1992: 66.
46. Mayer, 1992: 68.

en general⁴⁷. Hizo gala, de manera más precisa, de un visible desdén con respecto al marxismo que invocaba progresos irresistibles, leyes de la historia y fatalidades naturales⁴⁸. Löwy se pregunta, con todo, por qué concentró su atención en la manifestación socialdemócrata de estas opciones y dejó un tanto al margen una crítica de las mismas cuando se revelaban, por ejemplo, en la obra de Marx y Engels. El propio Löwy aduce al respecto explicaciones varias —así, la convicción de que en Marx las pulsiones positivistas eran secundarias, el designio de oponer a Marx y a sus epígonos, y el propósito de acometer una lectura del materialismo histórico que tuviese un carácter positivo—, no sin agregar que, aunque en las "Tesis" no hay críticas expresas a Marx y Engels, esas críticas no faltan, en cambio, en los textos anexos⁴⁹. En este orden de cosas, y siempre según Löwy, la refundación del materialismo dialéctico reclamaría una apropiación selectiva de un puñado de conceptos de Marx que Benjamin consideraba esenciales: el Estado como aparato de dominación de clase, la lucha de clases, la revolución social, la utopía de una sociedad sin clases... Pero pasaría también, inevitablemente, por la integración en el materialismo histórico de los estallidos mesiánicos, románticos, blanquistas, libertarios y fourieristas, en provecho de un marxismo nuevo y herético⁵⁰. Esto al margen, Benjamin fue un pionero de la corrección, desde la ecología, de muchos elementos presentes en la obra de Marx, sobre la base de la convicción —y empleo las palabras de Bensaïd— de que ninguna sociedad liberada podrá levantarse sobre las cenizas de una naturaleza saqueada y agotada por la acumulación primitiva, sea esta capitalista o burocrática⁵¹. Hay, en cualquier caso, una diferencia fundamental entre Marx y Benjamin: mientras para el primero la revolución no puede venir del pasado, sino del futuro, en el caso de Benjamin llegará, antes bien, del pasado. En estas

---

47. Palmier, 2010: 295.
48. Löwy, 2014: 135.
49. Löwy, 2014: 136.
50. Löwy, 2014: 137.
51. Bensaïd, 2010: 251.

condiciones a duras penas puede sorprender que Benjamin no gustase a casi nadie: ni a los marxistas, ni siquiera a los heterodoxos de entre estos, ni a los teólogos.

No han faltado, por lo demás, los intentos de domesticar a Benjamin, al que a menudo se ha privado de la matriz marxista, o marxistizante, de su pensamiento como si esa matriz fuese, sin más, una fuente de desafueros y desdichas. Pareciera como si, a los ojos de muchos, la defensa de un determinado comunismo, la voluntad de no cerrar el camino a la revolución o el cuestionamiento de la democracia parlamentaria colocasen a Benjamin, infelizmente, fuera del mundo. Más aún, obligasen a recuperar un supuesto Benjamin, el postrero, que se habría desprendido del fardo que, en sus escritos, suponía el comunismo[52]. La mayoría de quienes asumen estas posiciones prescinden de la condición heterodoxa, y venturosamente abierta, del grueso de las manifestaciones del marxismo y del comunismo benjaminianos. Y no sitúan en su justo punto lo que puedan significar disensiones importantes de Benjamin con respecto, por ejemplo, a las percepciones marxianas sobre el pasado o sobre el progreso.

BENJAMIN Y LA UNIÓN SOVIÉTICA

Aunque no son muchos los textos en los que Walter Benjamin se expresa de forma explícita sobre los avatares de la Unión Soviética, intentaré reconstruir su visión general al respecto. Scholem afirma, cierto que con cautela visible, que las simpatías de Benjamin, y las suyas, se inclinaban, en la estela de las revoluciones rusas de 1917, en provecho de los socialistas revolucionarios, duramente reprimidos por los bolcheviques[53]. Ya sabemos, sin embargo, que pese a la cercanía de Benjamin con la práctica del comunismo su implicación en procesos políticos y sociales concretos fue más bien nula. Así, no parece que se

---

52. Véase, por ejemplo, la lectura de Marc de Wilde en Wilde, 2009: 177.
53. Scholem, 2014: 132.

interesase mayormente ni por la república de los consejos de Múnich de abril de 1919 ni por el experimento, más o menos similar, registrado en Hungría, y ello por mucho que sea cierto, siempre según Scholem, que el primero de esos eventos le preocupó cuando pudo comprobar que había sido detenido Felix Noeggerath y el segundo le inquietó al tener conocimiento de los avatares que había tenido que sufrir Lukács[54].

Si bien en el *Moskauer Tagebuch* (*Diario de Moscú*), de 1926-1927, no son frecuentes las observaciones directas sobre la condición política del naciente sistema soviético, no faltan por completo. Benjamin señala, por ejemplo, que el gobierno de la URSS desea "suspender el comunismo militante, se esfuerza por instituir durante un tiempo una paz de clase, por despolitizar la vida civil en la medida de lo posible. […] Procura detener la dinámica del proceso revolucionario en la vida del Estado […]", en lo que se antojan consideraciones similares a las que, en aquellos años, emitía la oposición de izquierda dentro del partido bolchevique[55]. Löwy recuerda, por otra parte, que entre 1933 y 1935 Benjamin pareció coquetear en algún grado con el productivismo que acompañaba al segundo plan quinquenal y pareció sucumbir, en paralelo, al hechizo del progreso tecnológico[56]. Acaso tuvieron su relieve al respecto la influencia de Brecht y el propio ascenso de Hitler al poder, que habría convertido a la URSS en una especie de último baluarte en la lucha contra el fascismo y habría provocado, de resultas, que las críticas remitiesen[57]. El propio Löwy considera que la etapa productivista remató, con todo, en 1936, al calor de los procesos de Moscú. Fue ese el año de publicación, por lo demás, de un libro importante que estaba en la biblioteca de Benjamin: el *Retour de l'URSS* (*Regreso de la URSS*) de André Gide.

En el año siguiente, en 1937, Benjamin pareció sentirse atraído por los argumentos de Trotski en relación con la URSS[58].

---

54. Scholem, 2014: 135.
55. Cit. en Löwy, 1997: 108.
56. Löwy, 2014: 22.
57. Löwy, 1997: 109.
58. Löwy, 1997: 110.

El interés por Trotski —como ya he reseñado— era, de cualquier modo, anterior. En el listado de libros que se hallaban en posesión de Benjamin se contaban versiones alemanas o francesas de varias obras de Trotski[59]: *¿A dónde va Inglaterra?*, *Mi vida*, *Historia de la revolución rusa. I. La revolución de febrero*, *Historia de la revolución rusa. Octubre* y *La Cuarta Internacional y la URSS*. No deja de ser significativa, sin embargo, la ingenuidad que revelaría, del lado de Benjamin, lo que este le preguntó a Alfred Kurella en una carta escrita en Ibiza en 1933: "En los diarios españoles se dice que se ha producido una reconciliación entre Trotski y Stalin. ¿Es esto cierto?"[60].

La desilusión ante la deriva del Partido Comunista alemán y, también, ante la de la propia URSS, se fue haciendo evidente a finales de la década de 1930. Los procesos de Moscú y el pacto germanosoviético fueron al respecto decisivos. Y ello pese a que los primeros no suscitaron inicialmente en Benjamin una posición firme de repudio. Tackels asevera que, ante la repulsa que provocaban en Hannah Arendt y en el compañero de esta, la posición de Benjamin parecía más dubitativa, o al menos eso es lo que apreció Scholem[61]. Aun así, Benjamin no dudó en comparar las prácticas de la policía de Stalin con las de los nazis, y ello por mucho que durante un tiempo siguiese albergando la esperanza de que la URSS permaneciese aliada con los antifascistas[62]. La ruptura frontal con esta se produjo, en fin, al calor del recién mencionado pacto germanosoviético de 1939[63], en el buen entendido de que fue, en la percepción de Löwy, una ruptura con la URSS estaliniana y no con el marxismo[64]. Bien es verdad que el marxismo que emergió después, el de las "Tesis", se hallaba muy impregnado por la mística judía y por la cultura romántica, al tiempo que estaba muy marcado, también, por la conciencia

---

59. Benjamin, 2000a: 143 y ss.
60. Carta a Alfred Kurella, 2 de junio de 1933, en Benjamin, 2008a: 199.
61. Scholem, 2014: 318 y 320.
62. Löwy, 2014: 26-27.
63. Löwy, 1939: 111.
64. Löwy, 1997: 113.

de la catástrofe que se avecinaba[65]. Bensaïd concluye que, mientras es innegable que Benjamin combatió filosóficamente el estalinismo, políticamente lo abordó de forma oblicua, como si se considerase obligado a mantener reservas en la contestación.

Conviene aportar, con todo, una precisión final: muchos de los textos de los últimos años de Benjamin incorporaban elementos que iban más allá de la mera crítica del estalinismo. Al acarrear un cuestionamiento frontal de la idea de progreso, transcendían las posiciones al uso que, en la década de 1930, emitían los opositores en la URSS. Reyes Mate ha señalado al respecto que lo que a Benjamin sorprendía en el caso del "comunismo" que yo me voy a permitir etiquetar de "oficial" era la convicción con la que aceptaba, sin discutirlo, el orden del progreso, tanto más cuanto que, por sus orígenes, cabría pensar que estaba llamado a alimentar recelos en relación con este. En las palabras del propio Mate, parece como si el comunismo hubiese canjeado "la indignación ante injusticias pasadas por la confianza en el desarrollo técnico que traerá el bienestar a las generaciones venideras"[66]. Recordemos, en suma, que Benjamin acomete en las "Tesis" una crítica de lo que suponen los partidos comunistas de resultas de la fe ciega que demuestran en el progreso, de la creencia en el apoyo que dispensan las masas y de la sumisión a un aparato fuera de control. Para Benjamin la acumulación cuantitativa de las fuerzas productivas, y del número de militantes y votantes, común a la socialdemocracia y al comunismo de partido, no eran, infelizmente, garantía de nada[67].

EL BENJAMIN ANARQUISTA

Tampoco menudean los textos de Benjamin que permitan calibrar su relación con el anarquismo o con los movimientos anarquistas. Si ya sabemos que no pareció prestar mayor atención al

---
65. Löwy, 1997: 112-113.
66. Mate, 2006: 1999.
67. Löwy, 2014: 90.

espasmo libertario del espartaquismo alemán, otro tanto cabe decir de los anarquistas españoles, que, en lo que hace a los trabajos escritos de Benjamin, no suscitaron, hasta donde llega mi conocimiento, mayor interés en este.

Löwy sostiene que la atracción que el pensamiento libertario ejercía sobre Benjamin tenía varias explicaciones: la proximidad de aquel con el romanticismo anticapitalista, alejado del racionalismo y de la civilización industrial, el carácter autoritario y militarista del Estado alemán, que estimulaba respuestas contestatarias, y, en fin, el hecho de que el anarquismo se adaptaba mejor a la condición de un intelectual "sin ataduras sociales"[68] como al cabo, y según una versión de los hechos, parecía ser Benjamin. Hablamos —importa subrayarlo— de un romanticismo que asumía la forma de una protesta cultural contra la civilización capitalista en nombre de valores premodernos, esto es, precapitalistas[69]. Ese romanticismo estaba ante todo preocupado por la transformación de los seres humanos en meras máquinas de trabajo, por la sumisión de estos al mecanismo social y por la sustitución del impulso revolucionario del pasado por la evolución y el progreso[70].

Las cosas como fueren, Benjamin recibió de forma muy temprana la influencia del anarquismo. Recuérdese que en el texto sobre "La vida de los estudiantes", de 1914, sostuvo que toda ciencia y todo arte libres son necesariamente "extraños al Estado y a menudo enemigos del Estado"[71]. Se reclamó entonces, por lo demás, del espíritu tolstoyano y del designio de ponerse al servicio de los pobres, un "espíritu que nació en las concepciones de los anarquistas más profundos y dentro de las comunidades monásticas cristianas"[72]. El texto que me ocupa anticipó, por otra parte, la crítica benjaminiana del progreso y del conocimiento científico-técnico[73]. Lector de Bakunin,

---

68. Löwy, 1997: 40.
69. Löwy, 2010: 112.
70. Löwy, 2010: 125.
71. Cit. en Löwy, 1997: 97.
72. Cit. en Löwy, 1997: 97.
73. Löwy, 1997: 97.

Kropotkin, Élisée Reclus y Proudhon, nuestro autor se vio, sin embargo, más marcado —como ya he sugerido— por pensadores libertarios vinculados con el "romanticismo anticapitalista", como es el caso de Sorel, Tolstoi y, sobre todo, Gustav Landauer[74] y, en particular, su texto *Die Revolution* (*La revolución*)[75]. No se olvide que Landauer reflejaba a la perfección una síntesis, la que se produce entre el espíritu romántico y la utopía libertaria, que estaba presente en Benjamin[76]. Cierto es también que este último se vio influenciado en algún grado, durante su juventud, por una modalidad del sionismo que soñaba con crear nuevas comunidades y se nutría tanto de la tradición religiosa como de la obra de Tolstoi y del anarquismo[77].

Palmier agrega que el anarquismo de los textos de juventud de Benjamin prefiguraba la valoración positiva del anarcosindicalismo que se abrió camino en 1921, bajo la influencia ahora de la obra de Sorel[78]. El Benjamin de la década de 1920 era un fustigador radical de los partidos y de la politiquería en general[79]. En su ensayo "Para una crítica de la violencia", de 1921, nuestro hombre subraya, siguiendo a Sorel, el relieve de la huelga general proletaria como medio legítimo de ejercer la "fuerza pura", al tiempo que contesta el sistema parlamentario[80]. Aunque en 1926, y en una carta a Scholem, manifestó su intención de afiliarse al Partido Comunista, añadió que esa decisión no implicaba renunciar a sus ideas anarquistas (con anterioridad tendía a describirlas, ciertamente, como "nihilistas")[81]. Más adelante, en el texto sobre el surrealismo, acometió un intento de conciliar "comunismo" y "anarquismo", en el buen entendido de que a este último sustantivo le otorgaba un carácter más bien impreciso, toda vez que incluía en él a gentes

---

74. Löwy, 1997: 101; Palmier, 2010: 192.
75. Scholem, 2014: 42.
76. Löwy, 1997: 20.
77. Palmier, 2010: 192.
78. Palmier, 2010: 195.
79. Palmier, 2010: 300.
80. Wizisla, 2008: 38 y 63.
81. Löwy, 1997: 104.

como Dostoyevski, Rimbaud y Lautréamont[82]. Ello no significa que ahorrase elogios a los clásicos canónicos del anarquismo: "Europa no disponía, desde Bakunin, de una idea radical de la libertad. Los surrealistas tienen esa idea", escribió Benjamin en el mentado ensayo sobre el surrealismo[83]. Löwy agrega que, si bien la influencia del marxismo en la década de 1930 hizo que se redujesen las referencias al anarquismo, no por ello los conceptos matrices de este dejaron de marcar buena parte del pensamiento de Benjamin, "como una especie de hoguera oculta, un fuego subterráneo que modela activamente lo que se desarrolla en la superficie"[84]. Conviene tener en cuenta, por lo demás, que según Irving Wohlfart no había en Benjamin una necesidad de escoger entre anarquismo y marxismo: "Lo vemos enfatizando sus simpatías anarquistas exactamente cuando se aproxima al comunismo, para conservarlas en el espacio/frontera común"[85]. Las cosas como fueren, parece que puede afirmarse que Benjamin no concibió nunca el comunismo sin una clara dimensión libertaria y antiautoritaria. En el núcleo de esa dimensión se hallaba, ineludiblemente, la preocupación por la dominación, en el buen entendido de que esta transcendía, con mucho, el mero terreno de la economía[86].

DE FOURIER AL DECRECIMIENTO

No está de más que deje constancia de que, al calor de su trabajo en el *Libro de los pasajes*, Benjamin se cruzó de por medio con la figura de Fourier. Pierre Klossowski señala que el fourierismo era para Benjamin un esoterismo a la vez "erótico y artesanal" que subyacía a sus concepciones marxistas. "Una producción industrial liberada, en lugar de sojuzgar la afectividad, expandiría sus formas y organizaría sus intercambios en el sentido

---
82. Löwy, 1997: 106.
83. En "Le surréalisme", en Benjamin, 2000d: 128.
84. Löwy, 1997: 98 y 107.
85. Cit. en Löwy, 1997: 118.
86. Löwy, 2010: 116.

de que el trabajo se haría cómplice de las apetencias y dejaría de ser la compensación punitiva"[87]. Para Benjamin, la obra de Fourier remitía a una visión del trabajo en virtud de la cual este, lejos de explotar la naturaleza, era capaz de hacer crecer en ella las creaciones virtuales que estaban adormecidas en su seno[88]. Un trabajo que se confundía con el juego y que aspiraba a perfilar una naturaleza perfeccionada[89]. Löwy señala que en el *Libro de los pasajes* el nombre de Fourier se vincula con el de Bachofen, quien había descubierto en la sociedad matriarcal el culto a la naturaleza como madre generosa, frente a la percepción asesina que remitía a la explotación de la propia naturaleza[90]. Benjamin, quien subrayó, por lo demás, que para Fourier la técnica era la chispa que encendía la mecha de la explosión de la naturaleza[91], fue uno de los pocos pensadores de su época que, en esa estela, cuestionó las reglas de la sociedad patriarcal[92].

Con estos mimbres a duras penas sorprenderá que Benjamin incorpore a sus textos consideraciones que a menudo recuerdan a la perspectiva del decrecimiento (poco importa el nombre con que etiquetemos las posiciones correspondientes). Recordemos, por ejemplo, que no duda en adherirse a una fórmula defendida por Brecht, para quien el comunismo es "el justo reparto, no de la riqueza, sino de la pobreza"[93]. En las "Tesis", Benjamin asevera, por otra parte, que "los objetos que la regla claustral asignaba a la meditación de los monjes tenían como misión enseñarles a despreciar el mundo y sus pompas. Nuestras reflexiones actuales proceden de una determinación análoga"[94]. En *Calle de sentido único* se revela también con frecuencia una defensa de la vida social: "Ésta es la objeción más fuerte contra el modo de vida del solterón: toma a solas sus

---

87. Pierre Klossowski, cit. en Witte, 2002: 225.
88. Löwy, 2014: 93.
89. Löwy, 2014: 98; Mate, 2006: 192.
90. Löwy, 2014: 98.
91. Mate, 2006: 194.
92. Löwy, 2010: 117.
93. Cit. en Tackels, 2013: 417.
94. Walter Benjamin, en Löwy, 2014: 89.

comidas. Comer en solitario convierte a uno fácilmente en duro y grosero. Quien tiene costumbre de hacerlo ha de vivir espartanamente para no degenerar. Los anacoretas, aunque solo fuera por eso, se alimentaban frugalmente. Pues a la comida solo se le hace justicia en compañía: quiere ser compartida y repartida, si es que ha de ser provechosa. No importa con quién: antes, un mendigo a la mesa enriquecía cada banquete"[95].

Pero se barrunta también a menudo una defensa de la perspectiva de la solidaridad. Téngase presente, por ejemplo, que ya en el texto sobre "La vida de los estudiantes", de 1914-1915, Benjamin había subrayado que estos no habían sido capaces de perfilar una genuina comunidad espiritual, toda vez que en su caso el celo del deber se veía acompañado por el interés. "En las comunidades estudiantiles no se encuentra ese espíritu tolstoyano que ha cavado una inmensa falla entre la existencia de los burgueses y la de los proletarios: la idea de que servir a los pobres es un deber humano, y no un asunto de estudiantes que despliegan una función accesoria, idea que justamente aquí exigía el todo o la nada, ese espíritu que ha nacido en las concepciones de los anarquistas más profundos y en las comunidades monacales cristianas, ese espíritu verdaderamente serio de un trabajo social"[96].

Löwy subraya, en fin, que, tras el breve idilio de Benjamin con el productivismo soviético, a partir de 1936 recuperó una crítica frontal de las formas capitalistas de alienación, manifiesta, por ejemplo, a través de la identificación de una oposición radical entre la vida y la condición del autómata[97]. Reyes Mate ha apostillado que en Benjamin el hombre moderno, a través de la técnica, solo se encuentra a gusto cuando responde a los deseos que él mismo ha generado, mucho más allá de las necesidades biológicamente objetivas[98]. Parece como si de forma autónoma la técnica —cuando no tiene por objetivo el bienestar y la felicidad del ser humano, sino que responde a otros intereses, como el

---

95. Benjamin, 2015a: 73.
96. Benjamin, 2000c: 131.
97. Löwy, 2014: 22.
98. Mate, 2006: 192-193.

poder o el dinero— acabase por modelar nuestras necesidades y por obligarnos a asumir un camino, y con él unas exigencias, que no es el nuestro. El desajuste entre el progreso técnico y el desarrollo inicial tiene un efecto mayor, la guerra, que constituye una constante en las sociedades modernas[99].

LA CRÍTICA DE LA SOCIALDEMOCRACIA

Pero en la obra de Benjamin, y en particular en sus últimas manifestaciones, hay también una crítica frontal de la socialdemocracia. Löwy subraya que Benjamin ve en esta una mezcla de positivismo, evolucionismo y culto del progreso: "No ha sabido apreciar en el desarrollo de la técnica sino los progresos de las ciencias naturales, y no las regresiones sociales. [...] Las energías que la técnica despliega más allá de ese estadio son destructoras. Alimentan principalmente la técnica de la guerra y la de su preparación periodística"[100]. Claro que Benjamin arremete también contra la ideología del trabajo promovida por la socialdemocracia. Löwy certifica que, en virtud de la celebración acrítica, a la que se entrega esta última, del "trabajo productor de toda riqueza", la propia socialdemocracia olvida que en el capitalismo el trabajador se ve reducido a la condición de esclavo moderno, despojado, por añadidura, de las riquezas que genera[101]. El culto del trabajo y de la industria es, también, el culto del progreso técnico. Benjamin agrega que el fatalismo optimista que abraza la socialdemocracia, traducido en la inferencia de que el desarrollo técnico aboca inexorablemente en el triunfo del socialismo "científico", conduce al movimiento obrero a la pasividad, y cancela el horizonte, bien diferente, de una acción rápida que permita evitar la catástrofe[102]. Nuestro autor da cuenta de manera precisa de los atrancos de una idea, la de progreso, que se

---
99. Mate, 2006: 218.
100. Löwy, 2014: 24.
101. Löwy, 2014: 93.
102. Löwy, 2014: 95 y 126.

entiende que alcanza a la humanidad misma, y no solo a sus aptitudes y conocimientos, que tiene un carácter ilimitado y, en fin, que exhibe una condición irresistible[103]. En último término la socialdemocracia abraza la pretensión, absurda, de que el socialismo se impondrá de forma automática, en virtud del desarrollo de las fuerzas productivas, del progreso económico y de las "leyes de la historia"[104].

Cerremos estas observaciones con el rescate de un texto de Benjamin que emplaza su crítica de la socialdemocracia en el escenario conceptual —ahora me ocupará— de las "Tesis": "Hay una tradición de los oprimidos en la cual la clase obrera aparece como la última clase sometida, como la clase vengadora y liberadora. Desde el principio esta conciencia ha sido sacrificada por la socialdemocracia. Esta asignaba a los trabajadores el papel de liberadores de las generaciones futuras, y acababa por ello con el nervio de su fuerza. A los ojos de esta escuela, esa clase olvidaba tanto el odio como el espíritu de sacrificio. Porque estos dos elementos se nutren más de la imagen cierta de los antepasados sometidos que de la imagen ideal de los descendientes que serán liberados. En los inicios de la revolución rusa estaba todavía viva la conciencia de esto. La frase 'ni gloria para el vencedor ni piedad para los vencidos' es tan atractiva porque expresa antes una solidaridad con los hermanos muertos que una solidaridad con quienes habrán de nacer más adelante"[105].

UN PASADO MEJOR

Si el pasado del que Benjamin se reclama fue en su momento una suerte de paraíso perdido, en la década de 1930 asume la forma del comunismo primitivo[106]. Al respecto desempeña un papel central la obra de Bachofen, que Löwy recuerda fascinó

---
103. Löwy, 2014: 107.
104. Löwy, 2014: 37.
105. Benjamin, 2011b: 451.
106. Löwy, 2014: 23.

a marxistas y anarquistas por su evocación de una sociedad comunista en el alba de la historia[107]. En su ensayo al respecto, Benjamin se refiere a las fuentes que, a través de las edades, alimentaban el ideal libertario que postulaba Reclus, y al efecto subraya cómo, en la percepción de Bachofen, algunas comunidades matriarcales han desarrollado en un notable grado un orden democrático acompañado de ideas de igualdad cívica[108]. En la trastienda, y objeto de atención de los teóricos del socialismo, despuntan, no solo el matriarcado, sino también la noción de comunismo primitivo y el cuestionamiento del concepto de autoridad[109]. Para Benjamin la sociedad comunista del mañana acarrea, en buena medida, un retorno al comunismo primitivo, cierto que entremezclado, como lo señaló Scholem, con la imagen utópica del futuro que surge de la redención[110].

Por lo demás, y en palabras de Rainer Rochlitz, "Benjamin parece distinguir dos formas de abandono moderno de la tradición. La primera, la del cine, salvaguarda las funciones comunitarias gracias a su recepción colectiva; la segunda, la de la novela y la prensa modernas, es 'individualista' por cuanto sacrifica esa recepción. Al retomar la oposición clásica entre comunidad y sociedad, Benjamin se nos presenta unas veces como un 'progresista', cuando el interés universal le dicta esta opción, y otras como un 'conservador', cuando la pérdida de los valores comunitarios parece aconsejarlo. En sus 'Tesis sobre el concepto de historia', la comunidad de las víctimas oprimidas encarna esa oscilación entre tradicionalismo y aspiración a una revolución radical"[111]. La reflexión de Benjamin rompe, por otra parte, "con el determinismo limitado de los historicistas y con su visión lineal/evolucionista del 'curso de los acontecimientos': descubre un lazo privilegiado entre el pasado y el presente, que no es el de la causalidad ni el del 'progreso' —para

---

107. Löwy, 2014: 23.
108. Benjamin, 2011b: 139.
109. Benjamin, 2011b: 139.
110. Löwy, 2014: 87.
111. Rainer Rochlitz, en Benjamin, 2000c: 45.

este la comunidad arcaica no constituye sino una etapa pasada sin interés actual—, sino el de un 'pacto secreto' en el que 'brilla la chispa de la esperanza'"[112]. En la trastienda se aprecia un rasgo de la mística judía, que no busca en el pasado, según Yosef Hayim Yerushalmi, su historicidad, sino, antes bien, su eterna contemporaneidad[113]. Cabe concluir que en Benjamin la nostalgia del pasado opera como un método revolucionario de crítica del presente[114]. Nuestro autor procuraba buscar en el pasado lo que comúnmente se ha dado por finiquitado.

Recordemos, en fin, que a los ojos de Benjamin la historia se presenta como una sucesión de victorias de los poderosos. El poder de la clase dominante —anota Löwy— acarrea siempre un triunfo histórico en el combate con las clases subalternas. La condición del pasado se ve iluminada, sin embargo, por la luz de las luchas de hoy, por el sol que se levanta en el cielo de la historia. Löwy subraya al respecto que no se trata, con todo, del sol del futuro que ilumina el presente: es el sol del presente el que otorga significado al pasado[115]. Las luchas del presente cuestionan, por otra parte, las victorias históricas de los opresores, en la medida en que erosionan la legitimidad del poder de las clases dominantes, de ayer y de hoy. En tal sentido Benjamin se enfrenta a una pulsión frecuente en la obra de Marx: la que invita a celebrar las victorias de la burguesía sobre la base de las leyes de la historia[116].

EL PROGRESO Y LA CATÁSTROFE

Ya he sugerido que Benjamin no es un pensador interesado en la utopía futura: lo que le preocupa, lo que le obsesiona, son los peligros inminentes que acosan a la humanidad[117]. En tal sentido arrastra un visible recelo ante el siglo en el que vive.

---
112. Löwy, 2014: 130.
113. Löwy, 2014: 133.
114. Löwy, 2014: 11.
115. Löwy, 2014: 56-57.
116. Löwy, 2014: 57.
117. Löwy, 2010: 113.

Witte recuerda que una frase de Benjamin sobre Kafka —"para él su siglo no indicaba ningún progreso respecto de los más remotos comienzos"— parece de aplicación al propio Benjamin[118]. En la trastienda se revela, en paralelo, un recelo sin límites ante el progreso. El progreso —nos recuerda Mate— es infernal, por cuanto, frívolamente, entiende que el sufrimiento humano que lo acompaña es un mero efecto colateral, o un precio que hay que pagar[119]. El progreso, por otra parte, multiplica el sufrimiento. Aunque hay muchos medios técnicos que permitirían luchar contra la miseria, nunca ha habido tantos pobres[120]. Pero en esa misma trastienda está también la catástrofe, que es, en palabras de Reyes Mate, "la eternización de lo que ya tenemos, la irreversibilidad del curso que nos ha traído hasta aquí. Lo angustioso no es que la historia tenga un fin, sino que no lo tenga"[121]. "La catástrofe es el progreso, y el progreso es la catástrofe. La catástrofe es el *continuum* de la historia", afirmará Benjamin[122]. Cierto es que, al cabo, la catástrofe tiene también, y pese a todo, una dimensión liberadora. Dejemos hablar al respecto a Tackels: "Esta conciencia del mundo como producción de una única catástrofe que no deja de reaparecer infinitamente radicaliza de hecho el estado de excepción para convertirlo en el modo de ser fundamental de la humanidad. Pero esta concepción del mundo como ruina eterna renovada sin cesar a través de la pluralidad de las épocas históricas, esta concepción de lo idéntico en el seno de la no-identidad de los momentos catastróficos, lejos de arrojar al hombre a una angustia petrificadora, lo proyecta en el espacio de la salvación. Si admiten la historia como repetición sin fin de la catástrofe, y si abandonan al tiempo la idea falaz, y deshonesta, del progreso, los hombres pueden esperar una historia liberada de toda dominación"[123].

Löwy nos recuerda que el pesimismo de Benjamin nada tiene que ver, sin embargo, con la resignación fatalista. Se halla,

---

118. Witte, 2002: 169.
119. Mate, 2006: 165.
120. Mate, 2006: 166.
121. Mate, 2006: 163.
122. Cit. en Löwy, 2010: 121.
123. Tackels, 2013: 628.

antes bien, al servicio de la emancipación de las clases oprimidas, y no bebe de una preocupación que nace de la decadencia de las elites o de los países, sino de una consideración de las amenazas que pesan sobre la humanidad de resultas del progreso económico y técnico promovido por el capitalismo[124]. Ya en *Calle de sentido único*, a mediados de la década de 1920, había llamado la atención Benjamin sobre el hecho de que si el derrocamiento de la burguesía por el proletariado "no se realiza antes de un momento casi calculable de la evolución técnica y científica, [...] todo estará perdido"[125]. Verdad es que resulta difícil esquivar la conclusión de que Benjamin es profundamente pesimista en lo que respecta a la Europa en la que vive, que caracteriza así: "Desconfianza en cuanto al destino de la literatura, desconfianza en cuanto al destino de la libertad, desconfianza en cuanto al destino del hombre europeo, pero, sobre todo, tres veces desconfianza en lo que se refiere a todo tipo de acomodo: entre las clases, entre los pueblos, entre los individuos. Y confianza ilimitada solo en I.G. Farben y en el perfeccionamiento de la *Luftwaffe*"[126]. No queda otro remedio que situar la ironía de Benjamin en el momento singularísimo que suponen sus últimos años de vida, como no queda otra posibilidad que recordar que Benjamin, no sin paradoja, no tuvo la oportunidad de palpar lo que la tecnología iba a deparar en los años siguientes, durante la segunda guerra mundial, y, más adelante, al calor del capitalismo y sus desarrollos. Aun así, Benjamin percibió con notoria claridad —volveré inmediatamente sobre ello— el carácter moderno y técnicamente avanzado del fascismo, un sistema en el que los progresos tecnológicos, ante todo militares, van de la mano de la regresión social[127]. Y no ahorró críticas a la explotación capitalista de la naturaleza y a su huella en el marxismo vulgar[128]. En ese marco, y como ya sabemos, se opuso

---

124. Löwy, 2014: 19.
125. Löwy, 2014: 18.
126. Cit. en Löwy, 2014: 20.
127. Löwy, 2014: 95.
128. Löwy, 2014: 97.

a cierto socialismo "científico" que reduce la naturaleza a una materia prima industrial, a una mercancía gratuita susceptible de una explotación ilimitada[129]. Löwy subraya que, en el *Libro de los pasajes*, Benjamin ligó estrechamente la abolición de la explotación del hombre por el hombre con la abolición de la explotación de la naturaleza por el hombre[130].

Benjamin contrapone, por otra parte, dos visiones de la historia. Mientras la primera, la "progresista", identifica sin más un permanente progreso camino de la democracia, de la libertad o de la paz, la segunda —la abrazada por nuestro autor— remite a la tradición de los oprimidos, para la cual la norma de la historia es, por el contrario, la opresión, la barbarie, la violencia de los vencedores[131], un permanente "estado de excepción". "La tradición de los oprimidos nos enseña que el estado de excepción en el que vivimos es la regla"[132]. En tanto en cuanto —recuerda Löwy— para la primera visión el fascismo es una excepción, una regresión inexplicable, un paréntesis en la historia, para la segunda se trata, antes bien, de la expresión más brutal del "estado de excepción permanente"[133]. Para Benjamin, que no conoció las manifestaciones más crudas del fascismo —el Holocausto, en singular—, era evidente, sin embargo, la estrecha relación de aquel con la sociedad industrial y con el capitalismo: a sus ojos el progreso técnico y científico no era un obstáculo, sino un acicate, en el camino del fascismo. Este se impuso, por cierto, en algunos de los países sobre el papel más desarrollados. El colapso futuro nos remite a la misma lógica argumental: no solo no es impensable por el desarrollo técnico, sino que este último, por el contrario, parece llamado a facilitarlo. Reyes Mate pone empeño en subrayar que cuando habla del estado de excepción Benjamin no está pensando en el nazismo: "Quien ha declarado silenciosamente el estado de excepción es el derecho y, por tanto, el Estado

---

129. Löwy, 2014: 97.
130. Löwy, 1997: 118.
131. Löwy, 2014: 76.
132. Walter Benjamin, cit. en Mate, 2006: 145.
133. Löwy, 2014: 76.

de Derecho, al que Benjamin alude bajo la figura del progreso". Y apostilla Mate: si el responsable del estado de excepción fuera el nazismo, las cosas serían sencillas, pero comoquiera que la figura remite a la conducta de muchos portadores de planteamientos "progresistas"[134], nuestros contemporáneos, la discusión permanece inevitablemente abierta. Frente a ello se impone aplicar los frenos de la locomotora de la historia, para de esta forma detener el curso vertiginoso de esta y evitar el abismo. Ya en *Calle de sentido único* se había referido Benjamin al freno con el cual el conductor —el proletariado— puede detener el curso enloquecido del tren que nos lleva a la catástrofe[135]. En tal sentido, la revolución no es —digámoslo una vez más— el resultado esperable del progreso económico y técnico, sino, muy al contrario, la interrupción de una evolución histórica que conduce a la catástrofe mentada[136].

LA REVOLUCIÓN

Ya sabemos que, frente a lo que reza el marxismo vulgar, que en ocasiones es —como lo recuerda Löwy— el de Marx y Engels, la revolución no es para Benjamin el resultado natural e inevitable del progreso económico y técnico, sino, antes bien, la interrupción de una evolución histórica que conduce a la catástrofe[137]. Esa interrupción obliga a establecer un vínculo entre la revolución y el mesías. Las "Tesis" son, si así se quiere, un intento de combinar el mesianismo que aporta la cultura judía y el utopismo que procede de la cultura occidental[138], sean lo que sean el uno y el otro. Agamben subraya al respecto cómo, para Benjamin, el tiempo mesiánico del judaísmo, "en el cual cada segundo era la pequeña puerta por la que podía entrar el mesías", se

---

134. Mate, 2006: 149.
135. Bensaïd, 2010: 12.
136. Löwy, 2010: 115.
137. Löwy, 2014: 19.
138. Echeverría, 2008: 23.

convierte en el modelo de una concepción de la historia "que evite toda complicidad con aquella a la que los políticos se siguen aferrando"[139].

En la percepción de Löwy los dos elementos fundamentales de lo que Benjamin entiende por teología son la rememoración y la redención mesiánica. La filosofía no es, por lo demás, un fin en sí mismo, una contemplación de verdades eternas o una reflexión sobre la naturaleza del ser divino: se halla, antes bien, al servicio de los oprimidos, y como tal tiene que restablecer la fuerza explosiva, mesiánica y revolucionaria del materialismo histórico[140]. El propio Löwy sugiere que esta combinación es, al cabo, la que ha ganado peso al calor de la teología de la liberación en América Latina[141]. Siempre según Löwy, el concepto de redención tiene, en una primera dimensión, un carácter individual: la felicidad personal depende entonces de la redención con respecto al propio pasado, de la realización de aquello que se habría podido ser pero no se ha sido. Exhibe al tiempo, sin embargo, una condición colectiva, que bebe de la idea de que la causa —y con ella el sufrimiento— de las generaciones pasadas no se halla irrevocablemente perdida. Para ganarla es preciso asumir una rememoración histórica de las víctimas del pasado[142]. Claro que la rememoración no es suficiente: debe hacerse acompañar por la reparación —*tikkun* en hebreo— del sufrimiento y de la desolación de las generaciones vencidas, y por la satisfacción de los objetivos por los cuales estas lucharon. En términos no teológicos, esa satisfacción, esa realización, se traduce en la emancipación de los oprimidos.

En este marco, no hay un mesías que llega del cielo: somos nosotros mismos el mesías, de tal suerte que cada generación posee una parcela de poder mesiánico que debe esforzarse por

---

139. Agamben, 2001: 108.
140. Löwy, 2014: 40.
141. Löwy, 2014: 41.
142. Löwy, 2014: 44.

desarrollar[143]. De resultas, el poder mesiánico no es meramente contemplativo: tiene un carácter activo y asume la forma de una tarea revolucionaria que se hace valer en el presente[144]. Cierto es que Benjamin no se refiere a todos los oprimidos, sino a aquellos de entre estos que luchan. Está pensando —nos dice Reyes Mate— en los oprimidos que asumen la experiencia del sufrimiento, de la opresión y de la lucha[145]. Por añadidura, el mesías no viene del futuro y no aporta ninguna certeza. Se opone, eso sí, a los fetiches de la ciencia positiva, de la razón de Estado, de la historia universal y de los cálculos estratégicos[146]. Cuesta Abad señala que para Benjamin la salvación, la redención, "es ante todo una irrupción de la transcendencia en la historia, una irrupción en la que la historia misma es aniquilada, aunque en su hundimiento se transforme al ser iluminada por una luz que viene de otra parte"[147]. Otra cara de la cuestión es el hecho de que no hay salvación sin transformación revolucionaria de la vida material, lo cual no impide que Benjamin atribuya un relieve central, en la lucha de clases, a las fuerzas espirituales y morales. Al respecto reivindica la importancia de la fe, del coraje, de la perseverancia, del humor y de la astucia de los oprimidos[148].

Nuestra responsabilidad en lo que se refiere a las generaciones pasadas se debe —nos recuerda, una vez más, Mate— a que nuestro presente está construido sobre sus espaldas. Muchos de los integrantes de aquellas murieron derrotados. Sin la rememoración de esas muertes, no entenderemos nunca lo que somos ahora[149]. Hay que subrayar, por añadidura, que la memoria colectiva de los vencidos se distingue de los panteones levantados en honor de los héroes de la patria, no solo en virtud de la condición de los personajes y de la naturaleza de su

---

143. Löwy, 2014: 46-47.
144. Löwy, 2014: 48.
145. Mate, 2006: 199 y 201.
146. Bensaïd, 2010: 42.
147. Cuesta Abad, 2004: 58.
148. Löwy, 2014: 55.
149. Mate, 2006: 79.

mensaje, sino, también, por efecto de su carácter subversivo, no supeditado a poder alguno. La rememoración no tiene, por lo demás, una dimensión melancólica o mística: es, antes bien, una fuente de energía moral y espiritual para quienes luchan[150]. La revolución proletaria, al poner en marcha la rememoración, abole el infierno repetitivo de la mercancía y libera a los seres humanos de la condición de autómatas. Al reconciliar al hombre con la naturaleza, establece la sociedad sin clases, que es la forma secularizada de la era mesiánica. Al igual que sucede con las utopías socialistas religiosas —asevera Miguel Abensour—, la dimensión religiosa no acarrea una huida de la política hacia la mística, sino una "búsqueda del distanciamiento absoluto" que permita que la utopía trastoque "las apuestas políticas clásicas"[151].

Reyes Mate estima, en suma, que la invocación del mesianismo en Benjamin mucho le debe al momento histórico singularísimo, la "medianoche de la historia", que a Benjamin le tocó en suerte vivir en una Europa en la que no había "más categorías que las de deportado y carcelero". De resultas, a Benjamin no le quedó más remedio que oficiar de reciclador del "material que había de sobra: la desesperación, la injusticia, las ruinas, las calaveras. Hizo del filósofo un trapero"[152].

EL MOMENTO REVOLUCIONARIO

Gagnebin subraya que, cuando Benjamin escribió, a principios de la década de 1920, "Para una crítica de la violencia", su adhesión a la huelga general preconizada por Sorel acarreaba una apuesta, que es la de las "Tesis", en provecho de la interrupción como resistencia frente al engranaje político y social. Se trata de detener el tiempo para permitir que aflore una historia diferente, con la esperanza de salvarse y no verse engullido por

---
150. Löwy, 2014: 102-103.
151. Cit. en Löwy, 1997: 127.
152. Mate, 2006: 28; Pensky, 2004: 192.

la aceleración que impone la producción capitalista. "La huelga general detiene la producción de la misma forma que los revolucionarios disparan contra los relojes: es el mismo gesto de interrupción del tiempo, de corte de la continuidad histórica"[153].

Benjamin afirma que el momento de peligro para las clases oprimidas es aquel en el que se revela la imagen auténtica del pasado: el peligro de una derrota en el presente aguza la sensibilidad en lo que hace a las derrotas precedentes[154]. Löwy recuerda al respecto que la victoria del enemigo de hoy amenaza también a los muertos, a través ante todo de la falsificación, o del olvido, de sus luchas. Téngase presente, en cualquier caso, que el enemigo no ha dejado de vencer: desde el punto de vista de los oprimidos el pasado no es una acumulación gradual de conquistas, como lo sugiere la historiografía "progresista", sino una serie interminable de derrotas catastróficas[155]. Esa historiografía que acabo de mencionar se halla claramente identificada con los vencedores[156]. Frente a ello se trata de actuar contracorriente, oponiendo la tradición de los oprimidos, y de recordar que la redención, o la revolución, no se producirá por efecto del curso natural de las cosas. En este sentido, Benjamin opone el pesimismo revolucionario, la necesidad paralela de organizar ese pesimismo, al fanatismo melancólico de la pereza y al fatalismo optimista de la izquierda oficial —socialdemócrata o comunista—, convencida de la victoria inevitable de las "fuerzas progresistas"[157].

Pero Benjamin agrega que hay que "ganar para la revolución a las fuerzas de la borrachera: a ello tiende el surrealismo en todos sus libros y en todas sus empresas. Está en su derecho de describir esto como si fuese su tarea más específica. Para llegar ahí no basta con que todo acto revolucionario acarree, como lo sabemos, una parte de borrachera. Esta se confunde con su

---

153. Gagnebin, 1994: 149.
154. Löwy, 2014: 61.
155. Löwy, 2014: 62.
156. Löwy, 2014: 66.
157. Löwy, 2014: 69.

componente anárquico. Aunque insistir de manera exclusiva en ello sería despreciar por completo la preparación metódica y disciplinaria de la revolución en provecho de una práctica que oscila entre el ejercicio y la celebración anticipada"[158]. Löwy subraya que, llamativamente, y sin embargo, Benjamin no fue capaz de percatarse de cómo algunas de sus ideas encontraban refrendo en la Cataluña de 1936, con ocasión de la resistencia que la FAI, la CNT y el POUM ofrecieron al alzamiento fascista, y de cómo cobraba cuerpo el instante fugitivo en el que la acción revolucionaria era posible[159].

Sabido es que para Benjamin "no hay documento de cultura que no sea al mismo tiempo documento de barbarie"[160]. Ahí están, para demostrarlo, las pirámides, los arcos del triunfo o la propia Ópera de París, construida por los obreros derrotados en junio de 1848[161]. Benjamin recuerda, por otra parte, que la alta cultura no podría existir sin el trabajo anónimo de los productores directos, llamativamente excluidos, sin embargo, del goce de los bienes culturales[162]. De resultas, la historia de la cultura —nos dice— "debe ser integrada en la historia de la lucha de clases"[163]. Cierto es, agrega Löwy, que las obras a través de las cuales se revela la alta cultura no son necesariamente reaccionarias: a menudo se esconden en ellas momentos utópicos o subversivos[164]. Comoquiera que la cultura, de resultas, está impregnada de barbarie, la única solución estriba, en palabras de Carlo Salzani, en subvertir los cánones culturales vigentes y en robar la energía de la transformación a la barbarie equivocada, para así inventar una barbarie nueva y positiva[165]. Surge así un concepto positivo de la barbarie que permite partir de cero, sin apenas nada[166]. Sin apenas nada.

---

158. En "Le surréalisme", en Benjamin, 2000d: 130.
159. Löwy, 2014: 134.
160. Cit. en Löwy, 2014: 66.
161. Löwy, 2014: 70-71.
162. Löwy, 2014: 72.
163. Cit. en Löwy, 2014: 72.
164. Löwy, 2014: 72-72.
165. Salzani, 2014: 17.
166. Benjamin, 2014: 45.

EPÍLOGO

> "Es más difícil honrar la memoria de los sin nombre que hacer otro tanto con la de las personas célebres. La construcción histórica debe vincularse con la memoria de los sin nombre".
>
> WALTER BENJAMIN

Tal y como ocurrió con la de Fernando Pessoa, la obra de Walter Benjamin hubo de aguardar un buen puñado de años para que sobre ella se desplegase una activa operación de rescate. Si se trata de proponer una fecha para dar cuenta del origen de esta última, bueno será que recordemos que el interés por Benjamin, considerado un heterodoxo en la República Democrática Alemana, rebrotó al calor del movimiento estudiantil en la parte occidental de Alemania en la década de 1960[1].

No está de más que nos preguntemos qué habría sucedido si Benjamin no hubiese fallecido en Portbou en 1940. Imaginemos, por ejemplo, que en 1939 se hubiese trasladado a Inglaterra. ¿Habría muerto, después, con ocasión de uno de los bombardeos alemanes? Aunque también habría podido recalar en Palestina. ¿Cómo habría percibido, entonces, el surgimiento, conflictivo donde los haya, del Estado de Israel? De haber alcanzado Estados Unidos, ¿qué habría ocurrido con Benjamin? ¿Habría curado sus penas en una universidad norteamericana, habría terminado, como Brecht, en la República Democrática Alemana o habría acabado sus días como crítico literario en Frankfurt o en Múnich? ¿Por qué no imaginarlo, por lo demás,

---

1. Eiland y Jennings, 2014: 677. Sobre la recepción posterior de su obra, véanse Brodersen, 2005: 133 y ss.; Hetmann, 2004: 270 y ss.

reconvertido en autor de novelas policiacas de éxito en la Alemania de las décadas de 1950 y 1960? Cierto que, puestos en esta tesitura, ¿por qué no suponer, en fin, que, tras permitírsele la entrada en España, nuestro hombre pasase, más o menos feliz, los treinta últimos años de su vida en la Barcelona de Franco?

Pero volvamos a la realidad —o a lo que suponemos que esta fue— y certifiquemos que Benjamin murió solo, lejos de sus familiares, de los amigos y de la fama, viejo, desamparado y vencido. Hasta donde podemos saberlo, nadie fue a reclamar sus pertenencias o a renovar el alquiler del nicho en el cementerio de Portbou. Remató, en una fosa común, con los que no tienen nombre, en un pueblo un tanto mortecino, hoy acogotado por la pérdida de funciones de su gigantesca estación de tren, aunque inequívocamente hermoso. Si así lo queremos, en la persona de Benjamin, cuya obra es una singularísima mezcla de alta cultura y cultura popular, vemos hoy una representación simbólica de todos los inmigrantes, de todos los *sin papeles*[2].

Poco importa que se suicidase, muriese de forma natural o fuese asesinado. Aunque quepa discutir si en algún momento, en los últimos días, tuvo conocimiento pleno de lo que podía esperarle o si, por el contrario, la muerte se le presentó sin que fuese consciente de lo que significaba, Walter Benjamin fue, inequívocamente, una víctima del nazismo. No olvidemos, sin embargo, que hoy vemos con ojos distintos de los suyos lo que al cabo ocurrió: nuestra mirada se halla indeleblemente marcada por el Holocausto y, también, por la certeza de que los nazis fueron derrotados. Tampoco importa mucho que en septiembre de 1940 Benjamin no fuese una figura particularmente inquietante, en su doble condición de judío y de opositor político, para los nazis. Porque lo explica bien Jay Parini: "El viejo Benjamin era todo aquello que los monstruos nazis querían destruir: ese aura de tolerancia y perspectiva que nace de haber sido muchas cosas desde muchos ángulos"[3]. Acumulemos más testimonios

---

2. Bonnel, 2013: 100. Sobre esa relación se consultará con provecho VV.AA., 2017.
3. Parini, 1997: 187.

en el mismo sentido. Así, Beatriz Sarlo ha tenido a bien recordarnos que, raro personaje el nuestro, "no hay ninguna ortodoxia benjaminiana que custodiar"[4]. Jean-Maurice Monnoyer, por su parte, se refiere a la "complexión anarquizante" de Benjamin, no sin aclarar que esa complexión era "profundamente humana y solidaria"[5]. El propio Monnoyer señala que Benjamin era hostil a todo tipo de declaración intempestiva que hubiese podido poner en peligro la tolerancia frágil que exhibía, la tolerancia propia de un hombre por muchos conceptos amigo de una suerte de ascetismo y enemigo de las exhibiciones. Para completar el ejercicio me serviré de Terry Eagleton, quien rinde homenaje a Benjamin porque en tiempos de oscuridad —nos dice— nos enseñó que serán los humildes y los ignorados quienes dinamitarán la historia[6].

Ya he señalado que Adorno cuenta que en San Remo, en enero de 1938, comoquiera que él y su esposa, ante la inminencia de la guerra, incitaran a Benjamin a viajar cuanto antes a América, el interpelado respondió: "En Europa hay posiciones que defender"[7]. No estaba pensando, con toda evidencia, en trincheras militares, sino en trincheras intelectuales, y en valores y conocimientos que se aprestaban a desaparecer. En las palabras de Susan Sontag, Benjamin parecía sentir que "estaba viviendo en una época en la que todo lo valioso era lo último de su especie"[8]. Y no le faltaba razón: el fascismo acabó con los sueños de varias generaciones. Después de 1945 nada fue igual, pese al triunfalismo de las uniones europeas o de resultas, precisamente, de ese triunfalismo.

Löwy ha tenido a bien anotar que muchas reflexiones sobre Benjamin publicadas los últimos años entienden que este

---

4. Sarlo, 2001: 89.
5. Monnoyer, 2011: 16. Esas palabras me traen a la memoria una necrológica relativa a la figura de Paul Avrich que mal que bien subrayaba que este último, pese a ser anarquista, era al tiempo bondadoso y solidario: prefiero pensar que Avrich era bondadoso y solidario, en buena medida, porque era anarquista.
6. Eagleton, 2012: 18.
7. Adorno, 2007: 81.
8. Cit. en Valero, 2001: 37.

vivió una coyuntura histórica trágica, afortunadamente ya sobrepasada, y consideran en paralelo que las discusiones abordadas por nuestro autor han quedado convincentemente resueltas[9]. No parece que sea así: la crítica del progreso y de la tecnología, y el aviso sobre la catástrofe que se cierne, son de manifiesta actualidad, como lo es la necesidad de "organizar el pesimismo" ante los peligros que nos acechan. El propio Löwy apostilla: "Benjamin se refiere a menudo a las clases oprimidas como el sujeto de la praxis emancipadora. Ahora bien, en la nota sobre el tren es la humanidad entera la que 'agarra el freno de emergencia'. Esta aproximación universalista —que se opone sin duda al corporativismo particularista de cierta ideología político-sindical, pero no necesariamente al papel de las clases sociales— permite repensar la emancipación social y la supresión de la dominación desde el punto de vista de la multiplicidad de los sujetos colectivos o individuales"[10]. Con vocación similar, Bensaïd se preguntaba en 1990 si el medio siglo, aparentemente plano, que lo separaba de la muerte de Benjamin no ocultaba explosivos de activación retardada[11]. Hoy sabemos que, en efecto, así era. Parece que Benjamin tomaba al pie de la letra una frase de *Calle de sentido único* según la cual las citas en los trabajos escritos son como esos salteadores de las grandes rutas que surgen bruscamente para despojar al lector de sus convicciones[12]. Quién lo diría: Walter Benjamin convertido en un salteador de grandes rutas...

---

9. Löwy, 2014:139.
10. Löwy, 2014: 143-144.
11. Bensaïd, 2010: 272.
12. Adorno, 2007: 20.

BIBLIOGRAFÍA

ADORNO, Theodor W. y BENJAMIN, Walter (2006): *Correspondance, 1928-1940*, Gallimard, París.
ADORNO, Theodor W. (2007): *Sur Walter Benjamin*, Allia, París.
AGAMBEN, Giorgio (2001): *Infanzia e storia. Distruzione dell'esperienza e origine della storia*, Einaudi, Turín.
ALBA, Narciso (1987): "El demonio no, la Gestapo: precisiones a un libro de Lisa Fittko", en *Quimera* (n° 81), pp. 82-87.
ALLEN, Jennifer (2000): "Préface", en Walter Benjamin, *Je déballe ma bibliothèque*, Payot &Rivages, París, pp. 7-32.
AMOUREUX, Henri (1961): *La vie des français sous l'occupation*, Fayard, París.
ARENDT, Hannah (2014): *Walter Benjamin, 1892-1940*, Allia, París.
ARPAIA, Bruno (2003): *La última frontera*, Lumen, Barcelona.
BAILEY, Rosemary (2009): *Love and War in the Pyrenees*, Phoenix, Londres.
BARRERE, Sébastien (2005): *Pyrénées, l'échappée vers la liberté*, Cairn, Pau.
BAUDOUIN, Philippe (2009): *Au microphone: Dr. Walter Benjamin. Walter Benjamin et la création radiophonique, 1929-1933*, Maison des Sciences de l'Homme, s. l.
BAYART, Pierre (2011): "Inachevement, fragmentation, aura", en Walter Benjamin, *Récits d'Ibiza et autres écrits*, Riveneuve, París, pp. 7-14.
BELOT, Robert (1998): *Aux frontières de la liberté. Vichy-Madrid-Alger-Londres. S'évader de France sous l'occupation*, Fayard, París.
BENJAMIN, Hilde (1977): *Georg Benjamin*, S. Hirzel, Leipzig.
BENJAMIN, Walter (1994): *The Correspondence of Walter Benjamin*, The University of Chicago, Chicago.
— (2000a): *Je déballe ma bibliothèque*, Payot &Rivages, París.
— (2000b): *Gesammelte Briefe. Band VI. 1938-1940*, Suhrkamp, Frankfurt.
— (2000c): *Oeuvres I*, Gallimard, París.
— (2000d): *Oeuvres II*, Gallimard, París.
— (2000e): *Oeuvres III*, Gallimard, París.
— (2002): *The Arcades Project*, Harvard University, Harvard.
— (2008a): *Cartas de la época de Ibiza*, Pre-textos, Valencia.
— (2008b): *Tesis sobre la historia y otros fragmentos*, UACM/Itaca, México.
— (2010a): *Archivos de Walter Benjamin. Fotografías, textos y dibujos*, Círculo de Bellas Artes, Madrid.
— (2010b): *Atlas Walter Benjamin. Constelaciones*, Círculo de Bellas Artes/Sociedad Estatal de Conmemoraciones Culturales, Madrid.
— (2011a): *Écrits autobiographiques*, Christian Bourgeois, s. l.
— (2011b): *Écrits français*, Gallimard, París.
— (2011c): *Gesammelte Werke* (dos volúmenes), Zweitausendeins, Frankfurt.
— (2011d): *Récits d'Ibiza et autres écrits*, Riveneuve, París.
— (2014a): *Dernières lettres*, Payot & Rivages, París.
— (2014b): *Mickey Mouse*, Il Melangolo, Génova.
— (2015a): *Calle de sentido único*, Akal, Madrid.
— (2015b): *Radio Benjamin*, Akal, Tres Cantos.
— (2017): *Materiales para un autorretrato*, Fondo de Cultura Económica, Buenos Aires.
BENSAÏD, Daniel (2010): *Walter Benjamin, sentinelle mesianique*, Les prairies ordinaires, París.
BIRMAN, Carina (2006): *The Narrow Foothold*, Hearing Eye, Londres.
BONET, Gérard (1992): *Les Pyrénées orientales dans la guerre, 1939/1944*, Horvath, Ecully.
BONNEL, Jean-Pierre (2013): *L'ultime chemin de Walter Benjamin*, Cap Béar, s.l.
BRODERSEN, Momme (1997): *Walter Benjamin. A Biography*, Verso, Londres.
— (2005): *Walter Benjamin*, Suhrkamp, Frankfurt.
— (2012): *Klassenbild mit Walter Benjamin. Eine Spurensuche*, Siedler, Múnich.
CALVET, Josep (2010): *Las montañas de la libertad. El paso de refugiados por los Pirineos durante la segunda guerra mundial, 1939-1944*, Alianza, Madrid.
CANO GAVIRIA, Ricardo (2000): *El pasajero Walter Benjamin*, Igitur, Montblanch.
CAPELLA, Juan Ramón (1990): "Apuntes sobre la muerte de Walter Benjamin", en *mientras tanto* (n° 43).

CAYGILL, Howard; COLES, Alex y KLIMOWSKI, Andrzej (2014): *Walter Benjamin. A Graphic Guide*, Icon, Londres.

CHICO, Álex (2017): *Un final para Benjamin Walter*, Candaya, Avinyonet del Penedès.

COINTET, Jean-Paul (2003): *Histoire de Vichy*, Perrin, París.

COSTA, Carles S. (1990): "Zwischen Nazis und Franquisten", en VV.AA., *Walter Benjamin, 1892-1940*, Marbacher Magazin nº 55, pp. 349-352.

CUESTA ABAD, José Manuel (2004): *Juegos de duelo. La historia según Walter Benjamin*, Abada, Madrid.

CUSSÓ-FERRER, Manuel (1991): *La última frontera* (documental).

— (1994a): "La dernière frontière de Walter Benjamin. Repérages pour un film", en Ingrid Scheurmann y Konrad Scheurmann (dirs.), *Pour Walter Benjamin*, Inter Nationes, Bonn, pp. 162-169.

— (1994b): "Jean Selz à propos de Walter Benjamin", en Ingrid Scheurmann y Konrad Scheurmann (dirs.), *Pour Walter Benjamin*, Inter Nationes, Bonn, pp. 71-75.

DARNAUDET, François (2007): *Le dernier Talgo à Port-Bou*, Mare Nostrum, Perpinyà.

EAGLETON, Terry (2012): *Walter Benjamin o hacia una crítica revolucionaria*, Cátedra, Madrid.

ECHEVERRÍA, Bolívar (2008): "Benjamin, la condición judía y la política", en *Walter Benjamin, Tesis sobre la historia y otros fragmentos*, UACM/Itaca, México, pp. 8-30.

EILAND, Howard y JENNINGS, Michael W. (2014): *Walter Benjamin. A Critical Life*, Harvard University, Cambridge.

EYCHENNE, Émilienne (1998): *Pyrénées de la liberté. Les évasions par l'Espagne, 1939-1945*, Privat, Toulouse.

FELICI, Marco (2001): *Port Bou. Sulle tracce di Walter Benjamin*, La Mandragora, Imola.

FERRIS, David S. (2004): *The Cambridge Companion to Walter Benjamin*, Cambridge University, Cambridge.

FITTKO, Lisa (1995): *Solidarity & Treason*, Northwestern University, Evanston.

— (2015): *Mein Weg über die Pyrenäen. Erinnerungen, 1940/41*, DTV, Múnich.

FLUNSER PIMENTEL, Irene (2008): *Judeus em Portugal durante a II Guerra Mundial*, A Esfera dos Livros, Lisboa.

FREUND, Gisèle (2011): "Rencontres avec Walter Benjamin", en *Walter Benjamin, Écrits français*, Gallimard, París, pp. 464-466.

FRY, Varian (2008): '*Livrer sous demande...*'. *Quand les artistes, les dissidents et les Juifs fuyaient les nazis (Marseille, 1940-1941)*, Agone, Marsella.

FULD, Werner (1990): *Walter Benjamin. Eine Biographie*, Rowohlt, Hamburgo.

GAGNEBIN, Jeanne Marie (1994): *Histoire et narration chez Walter Benjamin*, L'Harmattan, París.

GOEBEL, Rolf J. (dir.) (2009a): *A Companion to the Works of Walter Benjamin*, Camden House, Rochester.

— (2009b): "Introduction: Benjamin's Actuality", en Rolf J. Goebel, *A Companion to the Works of Walter Benjamin*, Camden House, Rochester, pp. 1-22.

GOULD, Mary Jayne (2001): *Marseille, années 40*, Phébus, París.

GRUNENBERG, Antonia (2022): *Walter & Asja. Une histoire de passions*, Payot, París.

GUAL, Ramon y LARRIEU, Jean (1996): *Vichy, l'Occupation Nazie et la Résistance Catalane IIA*, Terra Nostra, Prada.

GUBERT, Joan (1990): *Portbou, segle XIX. Inicis i engrandiment d'un poble*, Aragó, Barcelona.

— (2000): *Portbou, imatges i records*, Viena, Barcelona.

GUENOUN, Denis (1992): *Le pas*, De l'Aube, s.l.

HAUNER, Milan (2008): *Hitler. A Chronology of his Life and Time*, Palgrave, Houndmills.

HAUSER, Sigrid (2010): *Der Fortschritt des Erinnerns*, Ernst Wasmuth, Tubinga/Berlín.

HEINEMANN, Richard (1994): "Lisa Fittko: la fuite de Walter Benjamin", en Ingrid Scheurmann y Konrad Scheurmann (dirs.), *Pour Walter Benjamin*, Inter Nationes, Bonn, pp. 147-161.

HENRIC, Jacques (1998): *L'habitation des femmes*, Seuil, París.

HETMANN, Frederik (2004): *Reisender mit schwerem Gepäck. Die Lebensgeschichte des Walter Benjamin*, Beltz & Gelberg, Weinheim Basel.

HEYE, Uwe-Karsten (2014): *Die Benjamins*, Aufbau, Berlín.

HUETE, Lola (2005): "Benjamin vive en Portbou", en *El país semanal* (2 de octubre).

JEFFRIES, Stuart (2003): "Did Stalin Killers liquidate Walter Benjamin?", en *The Observer* (8 de julio).

KASPI, André (1997): *Les Juifs pendant l'Occupation*, Seuil, París.

KOESTLER, Arthur (2006): *Scum of the Earth*, Eland, Londres.

LACOSTE, Jean (2005): *Walter Benjamin. Les chemins du labyrinthe*, La Quinzaine/ Louis Vuitton, s.l.

LARRIEU, Jean (1994): *Vichy, l'Occupation Nazie et la Résistance Catalane I. Chronologie des années noires*, Terra Nostra, Prada.

LINDNER, Burkhardt (dir.) (2011): *Benjamin Handbuch. Leben-Werk-Wirkung*, J.B. Metzler, Stuttgart/Weimar.

LÖWY, Michael (1997): *Redención y utopía. El judaísmo libertario en Europa central. Un estudio de afinidad electiva*, El Cielo por Asalto, Buenos Aires.

— (2010): *Juifs hétérodoxes. Romantisme, messianisme, utopie*, De l'éclat, París.

— (2014): *Walter Benjamin: avertissement d'incendie*, De l'éclat, París.

LUELMO, Chema de (2009): *Unterwegs. Al paso de Walter Benjamin*, Fundación Luís Seoane/Maia, Madrid.

MARCENARO, Giuseppe (2008): *Cimiteri. Storie di rimpianti e di follie*, Bruno Mondadori, Milán.

MARRUS, Michaël R. y PAXTON, Robert O. (1981): *Vichy et les juifs*, Calmann-Lévy, París.

MARX, Ursula (2010): "Árbol del esmero. Benjamin como archivero", en *Walter Benjamin, Archivos de Walter Benjamin. Fotografías, textos y dibujos*, Círculo de Bellas Artes, Madrid, pp. 24-27.

MATE, Reyes (2006): *Medianoche en la historia*, Trotta, Madrid.

MAUAS, David (2005): *Quién mató a Walter Benjamin* (documental), Cameo, s.l.

MAYER, Hans (1992): *Walter Benjamin. El contemporáneo*, Alfons el Magnànim/ IVEI, Valencia.

MILA I CAIXAS, Enric (2023): *Empremtes d'una guerra. Portbou-Colera-Cervera, 1936-1939*, Marge, Sabadell.

MONNIER, Adrienne (2011): "Un portrait de Walter Benjamin", en *Walter Benjamin, Écrits français*, Gallimard, París, pp. 460-463.

MONNOYER, Jean-Maurice (2011): "Introduction", en *Walter Benjamin, Écrits français*, Gallimard, París, pp. 9-71.

MÜNSTER, Arno (1996): *Progrès et catastrophe. Walter Benjamin et l'histoire*, Kimé, París.

NIEMEYER, Helmut (1979): "Gift und Grab im Schatten der Pyrenäen. Walter Benjamins Tod auf der Flucht in Port Bou", en *Die Zeit* (28 de septiembre).

PALMIER, Jean-Michel (2006): *Walter Benjamin. Le chiffonnier, l'Ange et le Petit Bossu*, Klincksieck, París.

— (2010): *Walter Benjamin, Les Belles Lettres*, París.

PARINI, Jay (1997): *Benjamin's Crossing*, Anchor, Londres.

PAXTON, Robert O. (2002): *Vichy, 1940-1944*. Net, Udine.

PENSKY, Max (2004): "Method and time: Benjamin's dialectical images", en David S. Ferris (dir.), *The Cambridge Companion to Walter Benjamin*, Cambridge University, Cambridge, pp. 177-198.

PESCHANSKI, Denis (2002): *La France des camps. L'internement, 1938-1946*, Gallimard, París.

PORTA, Caeles; PUNSÍ, Anna y FREIXANET, Marta (2022): *La noia de Portbou*, La Campana, Barcelona.

PUTTNIES, Hans y SMITH, Gary (1991): *Benjaminiana*, Anabas, Giessen.

REIJEN, Willem van y DOORN, Herman van (2001): *Aufenthalte und Passagen. Leben und Werk Walter Benjamins*, Suhrkamp, Frankfurt.

RONGIER, Sébastien (2017): *Les désordres du monde. Walter Benjamin à Port-Bou*, Fayard, París.

ROTHSTEIN, Edward (2001): "A Daring Theory that Stalin had Walter Benjamin murdered", en *The New York Times* (30 de junio).

ROUSSO, Henry (2006): *Les années noires. Vivre sous l'occupation*, Gallimard, París.

RUDEL, Tilla (2006): *Walter Benjamin. L'ange assassiné*, Mengès, s.l.

RUIZ, Alain (2006): "Après Carl Einstein et Walter Benjamin: la fin tragique de Wilhelm Friedmann", en VV.AA., *Pyrénées 1940, ultime frontière*, L'Harmattan, París.

SALETTI, Carlo (2010a): "Costellazione. Guida alle persone, ai luoghi, alle circostanze", en Carlo Saletti, *Fine terra. Benjamin a Portbou*, Ombre corte, Verona, pp. 79-148.

— (2010b): "Cronologia", en Carlo Saletti, *Fine terra. Benjamin a Portbou*, Ombre corte, Verona, pp. 149-162.

— (dir.) (2010c): *Fine terra. Benjamin a Portbou*, Ombre corte, Verona.
— (2010d): "Introduzione: l'ultimo Benjamin", en Carlo Saletti, *Fine terra. Benjamin a Portbou*, Ombre corte, Verona, pp. 9-16.
SALZANI, Carlo (2014): "Sopravvivere alla civiltà con Mickey Mouse e una risata", en Walter Benjamin, *Mickey Mouse*, Il Melangolo, Génova.
SARLO, Beatriz (2001): *Siete ensayos sobre Walter Benjamin*, Fondo de Cultura Económica, Buenos Aires.
SCHAD, John (2012): *The Late Walter Benjamin*, Continuum, Londres.
SCHEURMANN, Ingrid (1994a): "Un allemand en France. L'exil de Walter Benjamin, 1933-1940", en Ingrid Scheurmann y Konrad Scheurmann (dirs.), *Pour Walter Benjamin*, Inter Nationes, Bonn, pp. 79-114.
— (1994b): "Nouveaux documents sur la mort de Walter Benjamin", en Ingrid Scheurmann y Konrad Scheurmann (dirs.), *Pour Walter Benjamin*, Inter Nationes, Bonn, pp. 276-315.
SCHEURMANN, Ingrid y SCHEURMANN, Konrad (dirs.) (1994): *Pour Walter Benjamin*, Inter Nationes, Bonn.
SCHOLEM, Gershom (1995): *Benjamin et son ange*, Payot & Rivages, París.
— (2014): *Walter Benjamin. Historia de una amistad*, Debolsillo, Barcelona.
SEGHERS, Anna (2005): *Tránsito*, RBA, Barcelona.
SELZ, Jean (2011): "Walter Benjamin à Ibiza", en Walter Benjamin, *Écrits français*, Gallimard, París, pp. 469-486.
SMITH, Gary (dir.) (1991): *On Walter Benjamin*, The MIT Press, Cambridge.
STOURTON, Edward (2014): *Cruel Crossing. Escaping Hitler across the Pyrenees*, Transworld, Londres.
SULLIVAN, Rosemary (2006): *Villa Air-bel. World War II, Escape, and a House in Marseille*, HarperCollins, Nueva York.
TACKELS, Bruno (2013): *Walter Benjamin. Une vie dans les textes*, Actes Sud, Arlés.
TIEDEMANN, Rolf (s.d.): "Walter Benjamins Weg nach Portbou", en *http://www.blockwb.net/Templates/Tcatalegs1.dwt*.
TUSSIG, Michael (2006): *Walter Benjamin's Grave*, University of Chicago, Chicago.
VALERO, Vicente (2001): *Experiencia y pobreza. Walter Benjamin en Ibiza, 1932-1933*, Península, Barcelona.
— (2008): "Introducción", en Walter Benjamin, *Cartas de la época de Ibiza*, Pre-textos, Valencia, pp. 9-30.
VANCELLS, Santi (2022): *Una veritat difícil. Walter Benjamin a Portbou, crònica d'una ferida mal curada*, Comanegra, Barcelona.
VV.AA. (1939): *Reichs Luftkursbuch. Juni 1939*, Radetzki, Berlín.
— (1942): *Horario-guía de ferrocarriles. Servicio oficial* (año IV, nº 33, 1 de marzo).
— (1990): *Walter Benjamin, 1892-1940*, Marbacher Magazin, nº 55.
— (1998): *Les évadés de France à travers l'Espagne. Guerre 1939-1945*, Les Éditions des Écrivains, París.
— (2006): *Pyrénées 1940, ultime frontière*, L'Harmattan, París.
— (2017): *Escola d'estiu Walter Benjamin, Portbou 2016. Les maletes de Walter Benjamin, dispositius migratoris*, Arts Santa Mònica, *sine loco*.
WEBER, Ronald (2011): *The Lisbon Route*, Ivan R. Dee, Lanham.
WEISSWEILER, Eva (2021): *Dora y Walter Benjamin. Biografía de un matrimonio*, Tusquets, Barcelona.
— (2022): *Villa Verde oder das Hotel in Sanremo, Das italianische Exil der Familie Benjamin*, Btb, Múnich.
WILDE, Marc de (2009): "Benjamin's Politics of Remembrance: A Reading of 'Über den Begriff der Geschichte'", en Rolf J. Goebel, *A Companion to the Works of Walter Benjamin*, Camden House, Rochester, pp. 177-194.
WITTE, Bernd (1985): *Walter Benjamin*, Rowohlt, Hamburgo.
— (2002): *Walter Benjamin.Una biografía*, Gedisa, Barcelona.
WIZISLA, Erdmut (2009): *Walter Benjamin and Bertolt Brecht. The Story of a Friendship*, Yale University, New Haven.
— (2010a): "Escritura dispersa. Reunión y dispersión", en Walter Benjamin, *Archivos de Walter Benjamin. Fotografías, textos y dibujos*, Círculo de Bellas Artes, Madrid, pp. 40-43.
— (2010b): "Pero, ¿cuándo se llegará a escribir libros como catálogos?", en Walter Benjamin, *Archivos de Walter Benjamin. Fotografías, textos y dibujos*, Círculo de Bellas Artes, Madrid, pp. 18-23.
WOHLFARTH, Irving (1991): "Resentment Begins at Home: Nietzsche, Benjamin, and the University", en Gary Smith (dir.), *On Walter Benjamin*, The MIT Press, Cambridge, pp. 224-259.